# MÉTHODE ÉLÉMENTAIRE

### DE

# MUSIQUE VOCALE.

Imprimerie H. SIMON DAUTREVILLE et Cᵉ, rue Neuve-des-Bons-Enfants, 3.

# MÉTHODE ÉLÉMENTAIRE

DE

# MUSIQUE VOCALE

PAR M. ET M^me

## ÉMILE CHEVÉ.

**DEUXIÈME PARTIE.**

## MUSIQUE EN CHIFFRES.

◆

## OUVRAGE **REPOUSSÉ** A L'UNANIMITÉ

**par la Commission du Chant de la Ville de Paris, composée de MM.**

Victor Foucher, Président ;
A. Adam, de l'Institut ;
Auber, de l'Institut ;
Barberfau ;
Boulet ;
Carafa, de l'Institut ;
Clapisson ;
Ermel ;

Ed. Rodrigues, Vice-Président ;
F. Halévy, de l'Institut ;
G. Héquet, Rapporteur ;
Jomard, de l'Institut ;
Zimmermann ;
C. Gyde ;
F. Demoyencourt, Secrétaire.

Commission qui a voté en même temps le maintien de la Méthode Willhem dans les Écoles communales de la ville de Paris.

———

## SIXIÈME ÉDITION.

**Troisième tirage.**

## PRIX NET : 3 FR.

———

# PARIS.

CHEZ LES AUTEURS, RUE NEUVE-DES-BONS-ENFANTS, 5.

**JUILLET 1852.**

Les trente-deux premières pages de la *Méthode élémentaire de Musique vocale* n'ayant aucun trait à la pratique,  sont réunies à la troisième partie, à la théorie. — Le lecteur ne doit  donc pas s'étonner de voir commencer la Méthode pratique à la page 33.

# MÉTHODE ÉLÉMENTAIRE

## DE

# MUSIQUE VOCALE.

## PREMIÈRE PARTIE.

1ᵉ ÉTUDE DE L'INTONATION,
2ᵉ ÉTUDE DE LA MESURE.

La musique se compose de deux choses, qui sont :

1° Les sons, ou l'INTONATION ;

2° La DURÉE des sons, ou la MESURE.

Il faut des SIGNES pour écrire les idées D'INTONATION.

Il faut aussi des SIGNES pour écrire les idées DE MESURE.

Les signes que l'on emploie pour représenter les idées d'intonation et les idées de mesure constituent l'ÉCRITURE MUSICALE.

Afin de rendre l'étude plus facile, 

1° Nous étudierons d'abord séparément l'intonation et la mesure, parce que l'esprit ne peut vaincre facilement qu'une difficulté à la fois.

2° Nous emploierons, MOMENTANÉMENT, pour exprimer les idées d'intonation et les idées de mesure, des signes beaucoup plus simples que ceux de l'écriture musicale ordinaire.

### ÉTUDE DE L'INTONATION.

Pour rendre plus facile l'étude de l'intonation, nous substituons, MOMENTANÉMENT, les chiffres aux points noirs que l'on écrit ordinairement sur les cinq lignes de la portée musicale.

Nous représentons les sept mots UT, RÉ, MI, FA, SOL, LA, SI, par les sept premiers chiffres, ainsi qu'il suit : 1, 2, 3, 4, 5, 6, 7.

L'étendue des voix humaines, de la plus grave à la plus aiguë, comprenant à peu près trois séries de sept notes, un point nous servira, dans l'écriture en chiffres, à distinguer entre des caractères de même forme ceux qui appartiennent à chaque série.

EXEMPLE :

| PREMIÈRE SÉRIE. | DEUXIÈME SÉRIE. | TROISIÈME SÉRIE. |
|---|---|---|
| UT RÉ MI FA SOL LA SI | UT RÉ MI FA SOL LA SI | UT RÉ MI FA SOL LA SI |
| 1 2 3 4 5 6 7 | 1 2 3 4 5 6 7 | 1 2 3 4 5 6 7 |
| Sons GRAVES OU BAS; un POINT AU-DESSOUS. | Sons du MILIEU OU MEDIUM; SANS POINT. | Sons AIGUS OU ÉLEVÉS; un POINT AU-DESSUS. |

Nos études d'intonation se divisent en trois classes :

1re Classe : Étude de la gamme d'*ut*, *mode majeur*.

2e Classe : Étude de la gamme de *la*, *mode mineur*.

3e Classe : Étude des *modulations*.

### COMMENT IL FAUT ÉTUDIER LES EXERCICES DE LA PREMIÈRE SÉRIE.
(Voir page 30, première série d'exercices).

Les *exercices d'intonation* sont tous *disposés en colonnes*. Chacune des colonnes est surmontée d'une flèche et doit être étudiée d'abord isolément, ligne par ligne. Une colonne ne doit être quittée que lorsque l'on s'en est rendu parfaitement maître.

### VOICI COMMENT DOIT SE FAIRE L'ÉTUDE DE CHACUNE DES COLONNES.

1° Il faut étudier d'abord la 1re ligne de la colonne lentement, et en s'écoutant chanter avec le plus grand soin, jusqu'à ce que l'on s'en soit rendu maître.

Il est impossible d'indiquer, au juste, quel est le nombre de répétitions nécessaires; ce doit être de deux à dix, selon l'organisation plus ou moins heureuse de la personne qui étudie; mais on doit, pendant ces répétitions, s'écouter chanter avec le plus grand soin; car on peut, en prenant l'habitude de s'écouter chanter, diminuer de beaucoup le nombre des répétitions nécessaires.

2° Il faut ensuite étudier successivement chacune des autres lignes de la colonne, en s'écoutant toujours avec le plus grand soin, et en pensant continuellement à la première ligne de la colonne.

3° Il faut, avant d'émettre un son, penser au son que l'on veut émettre, et ne l'exprimer que lorsque l'on sent qu'on le chantera juste. Ceci sera facile si l'on pense continuellement à la première ligne de la colonne que l'on étudie.

4° Il faut s'arrêter plus longtemps sur toutes les notes qui sont suivies d'un espace blanc. Ce temps d'arrêt est destiné à chercher l'intonation de la note qui suit.

5° Il faut porter une attention particulière aux passages dont les notes se trouvent entre deux virgules. Il est très-important de se rendre maître de ces passages.

6° *Lorsque plusieurs colonnes sont réunies sous la même flèche*, il faut, après avoir étudié isolément chacune des colonnes en particulier, lire à la suite l'une de l'autre la première ligne de chacune des colonnes, puis la deuxième, et ainsi de suite jusqu'au bas des colonnes réunies sous la même flèche.

C'est de cette manière que l'on doit repasser les exercices, lorsque l'on s'est rendu maître de chacune des colonnes en particulier.

### COMMENT DOIT SE FAIRE L'ÉTUDE DE CHAQUE JOUR.

1° Il faut commencer l'étude de chaque jour par répéter lentement, et avec attention, c'est-à-dire en s'écoutant avec le plus grand soin, tous ceux des exercices que l'on sait déjà.

2° Il faut ensuite continuer, de la manière indiquée ci-dessus, l'étude des exercices que l'on ne sait pas encore.

### COMMENT ET QUAND IL FAUT ÉTUDIER LES EXERCICES DE LA DEUXIÈME SÉRIE.
(Voir page 39, deuxième série).

Les exercices de la deuxième série doivent être étudiés de la même manière que ceux de la première, et conjointement avec eux, chaque jour,

de la manière suivante :

1° La première moitié de l'étude de chaque jour doit être consacrée aux exercices de la première série.

2° La deuxième moitié de l'étude de chaque jour doit être consacrée aux exercices de la deuxième série.

#### COMMENT ON DOIT ÉTUDIER CHACUNE DES AUTRES SÉRIES D'EXERCICES.

Chacune des autres séries d'exercices doit être étudiée de la même manière que les deux premières; mais une à une et non pas deux à deux.

Il faut avoir soin de ne quitter une série d'exercices que lorsqu'elle est parfaitement sue.

AVIS TRÈS-IMPORTANT : Aucun des exercices d'intonation ne sera difficile si l'on a étudié convenablement ceux qui le précèdent.

Si donc, dans le cours de l'étude, on se trouve arrêté par une difficulté insurmontable d'intonation, il faudra recommencer les exercices avec plus de soin, jusqu'à ce que, arrivé au passage auquel on se sera arrêté, on le franchisse sans difficulté.

Il est très important de se bien pénétrer des instructions que nous venons de donner; car *le fruit que l'on doit recueillir de l'étude dépend de la manière dont elle est faite.*

---

## PREMIÈRE CLASSE.

*Étude de la gamme ut mode majeur, en douze séries d'exercices.*

### PREMIÈRE SÉRIE D'EXERCICES.

*Étude des notes* { ut, ré, mi, fa, sol. / 1 2 3 4 5

Les éléments de l'intonation se trouvent dans un petit nombre d'airs populaires. Par exemple : les cinq premières notes de l'air de la *Pipe de tabac* sont : { ut ré mi fa sol / 1 2 3 4 5 }

On peut donc, au moyen de l'air de la *Pipe de tabac*, apprendre les cinq notes { ut ré mi fa sol / 1 2 3 4 5 } Lorsque, après les avoir répétées plusieurs fois, on les saura bien, ou pourra passer aux exercices ci-dessous :

### Nᵒ 1.

| 1ʳᵉ COLONNE. | 2ᵉ COLONNE. | 3ᵉ COLONNE. | 4ᵉ COLONNE. | 5ᵉ COLONNE. |
|---|---|---|---|---|
| ,12345, | ,1 2 3 4 5, | ,12 3 4 5, | ,12 345, | ,123 45, |
| 12345 1 | 11 22 33 44 55 1 | 12 23 34 45 51 | 12,2345, 1 | 123 ,345, 1 |
| 1234 1 | 11 22 33 44 1 | 12 23 34 4 1 | 12,234, 1 | 123 ,54, 1 |
| 123 1 | 11 22 33 1 | 12 23 3 1 | 12,23, 1 | 123 3 1 |
| 12 1 | 11 22 1 | 12 2 1 | 12,2 1 | 12 1 |
| 12345 151 | 11 22 33 44 55 151 | 12 23 34 45 51 51 | 12,23451 51 | 123 ,345, 151, |

*Étude des notes* { SOL FA MI RÉ UT
5 4 3 2 1 }

Les quatre premières notes de l'air *Lorsque dans une tour obscure* sont
{ sol fa mi ré
5 4 3 2 } on y ajoutera facilement { ut
1 }

On peut donc, au moyen de l'air *Lorsque dans une tour obscure*, apprendre
les cinq notes { sol fa mi ré ut
5 4 3 2 1 } Lorsque, après les avoir répétées plu-
sieurs fois, on les saura bien, on pourra passer aux exercices ci-dessous :

### N° 2.

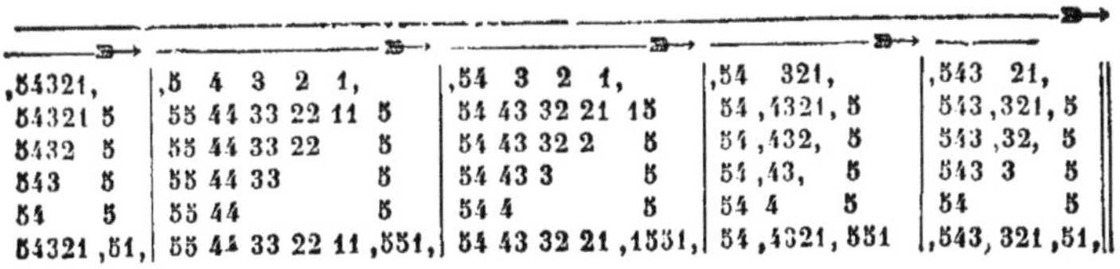

```
,54321,      | ,5 4 3 2 1,          | ,54 3 2 1,            | ,54 321,      | ,543 21,
54321 5      | 55 44 33 22 11 5     | 54 43 32 21 15        | 54 ,4321, 5   | 543 ,321, 5
5432 5       | 55 44 33 22 5        | 54 43 32 2 5          | 54 ,432, 5    | 543 ,32, 5
543 5        | 55 44 33 5           | 54 43 3 5             | 54 ,43, 5     | 543 3 5
54 5         | 55 44 5              | 54 4 5                | 54 4 5        | 54 5
54321 ,51,   | 55 44 33 22 11 ,551, | 54 43 32 21 ,1551,    | 54 ,4321, 551 | ,543, 321 ,51,
```

### N° 3.

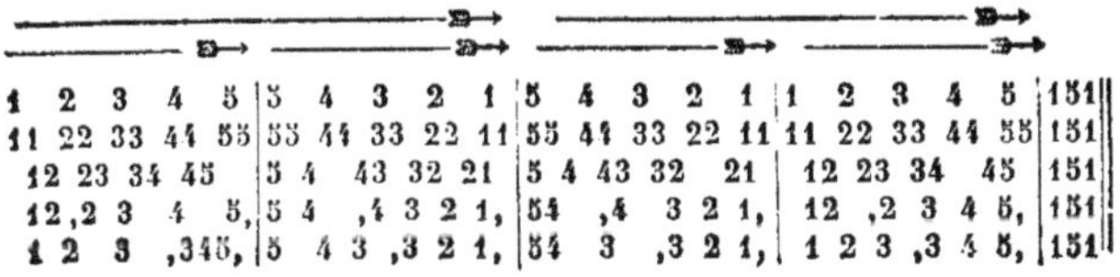

```
1 2 3 4 5       | 5 4 3 2 1         | 5 4 3 2 1         | 1 2 3 4 5       | 151
11 22 33 44 55  | 55 44 33 22 11    | 55 44 33 22 11    | 11 22 33 44 55  | 151
12 23 34 45     | 5 4 43 32 21      | 5 4 43 32 21      | 12 23 34 45     | 151
12,2 3 4 5,     | 5 4 ,4 3 2 1,     | 54 ,4 3 2 1,      | 12 ,2 3 4 5,    | 151
12 3 ,345,      | 5 4 3 ,3 2 1,     | 54 3 ,3 2 1,      | 1 2 3 ,3 4 5,   | 151
```

### N° 4.

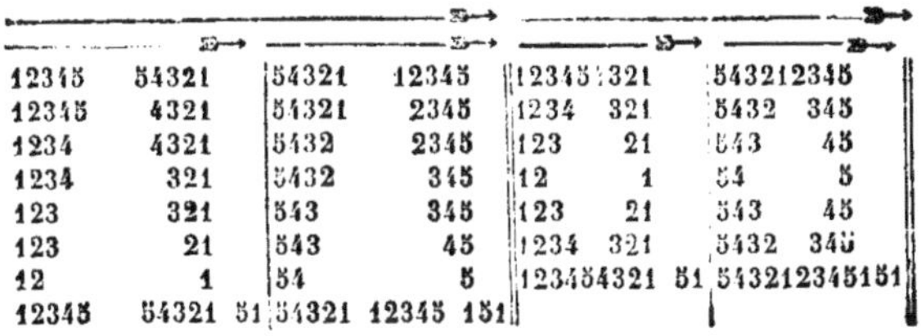

```
12345   54321      | 54321   12345      | 12345 321       | 543212345
12345   4321       | 54321   2345       | 1234  321       | 5432 345
1234    4321       | 5432    2345       | 123   21        | 543 45
1234    321        | 5432    345        | 12    1         | 54 5
123     321        | 543     345        | 123   21        | 543 45
123     21         | 543     45         | 1234  321       | 5432 345
12      1          | 54      5          | 123454321 51    | 543212345151
12345   54321 51   | 54321   12345 151  |
```

## N° 5.

| 123 | 345 | 543 | 321 | 135 531 | 531 135 | 13 31 35 | 53 35 31 |
|---|---|---|---|---|---|---|---|
| 123 | 345 | 543 | 321 | 135 31 | 531 35 | 13 31 5 | 53 35 1 |
| ,13, | ,35, | ,53, | ,31, | 13 31 | 53 35 | 13 1 5 | 53 5 1 |
| ,13 | 5, | ,53 | 1, | 13 1 | 53 5 | | |
| | | | | 135 531 51 | 531 135 151 | | |

## N° 6.

| 123 | ,343, | ,343, | 321 | 1 2 345 | 54321 51 |
|---|---|---|---|---|---|
| 123 | 43 | 343 | 21 | 12 2345, | 54322222 |
| 12 | 43 | 34 | 21 | 1 2,2 5, | 5 222 |
| ,1 | 43, | 34 | 1 | 1,2 5, | 52 51 52 51 |

Les exercices suivants sont composés de notes de deux caractères différents. Ils doivent être étudiés par colonnes, comme les exercices précédents.

Voici comment il faut étudier chacune des lignes de chacune des colonnes.

1° Il faut d'abord chanter toutes les notes, grandes et petites, que contient la ligne, jusqu'à ce que l'on s'en soit rendu maitre.

2° Il faut ensuite ne plus chanter que les grandes notes; mais il faut les chanter en s'arrêtant plus longtemps sur chacune de celles qui précèdent les petites, afin de penser à ces petites notes intermédiaires, qui doivent nous servir de moyen pour trouver l'intonation des grandes. On doit, comme toujours, répéter chacune des lignes, jusqu'à ce que l'on s'en soit rendu maitre.

Il faut ne jamais chanter un *fa* sans penser au *mi*, avant et après, donc: toutes les fois qu'un *fa* se rencontrera, il faudra le chanter en pensant : *mi fa mi*. — Ceci est TRÈS-IMPORTANT.

## N° 7.

| | | | | |
|---|---|---|---|---|
| 123454321 | 123454321 | 123454321 | 123454321 | 1 |
| 12345 | $1_2 345_{43}\ 2$ | $1_{23}\ 432_{34} 5$ | $1_{234}\ 5432$ | 1 |
| $123_4 54$ | $1_2 34_3 2_{34} 5$ | $1_{23}\ 43_4 5_{43} 2$ | $1_{234}\ 54_3 23$ | 1 |
| $12_3 43_4 5$ | $1_2 3_4 54_3 2$ | $1_{23}\ 4_3 23_4 5$ | $1_{234}\ 5_4 32_3 4$ | 1 |
| $12_3 45_4 3$ | $1_2 3_4 5_{43} 2_3\ 4$ | $1_{23}\ 4_3 2_{34} 5_4 3$ | $1_{234}\ 5_4 3\ 4_3 21$ | 1 |
| $12_{34} 54\ 3$ | $1_2 32_3 45$ | $1_{23}\ 45_4 32$ | $1_{234}\ 5_{43} 234$ | 1 |
| $12_{34} 5_4\ 34$ | $1_2 32_{34} 54$ | $1_{23}\ 45_{43} 23$ | $1_{234}\ 5_{43} 2_3 43$ | 1 |

Les exercices suivants sont écrits sans les notes intermédiaires. Il faudra les étudier en pensant aux notes intermédiaires, comme si elles étaient écrites.

### N° 8

| | | | | | | | | | |
|---|---|---|---|---|---|---|---|---|---|
| 12345 | 13452 | 14325 | 15432 | 1 | 54321 | 53214 | 52134 | 51234 | 1 |
| 12354 | 13425 | 14352 | 15423 | 1 | 54312 | 53241 | 52143 | 51243 | 1 |
| 12435 | 13542 | 14235 | 15324 | 1 | 54213 | 53124 | 52341 | 51342 | 1 |
| 12453 | 13524 | 14253 | 15342 | 1 | 54231 | 53142 | 52314 | 51324 | 1 |
| 12543 | 13245 | 14532 | 15234 | 1 | 54123 | 53421 | 52431 | 51432 | 1 |
| 12534 | 13254 | 14523 | 15243 | 1 | 54132 | 53412 | 52413 | 51423 | 1 |

DEUXIÈME SÉRIE D'EXERCICES.

*Étude des notes* ⎰ ut si la sol ⎱
⎱ 1 7 6 5 ⎰

Il est indifférent de placer le point au-dessus de l'ut, comme nous l'avons fait ( 1765) ou au-dessous des trois autres notes ( 1765), puisque des deux manières on voit que l'ut est plus élevé que les notes, si, la, sol. Nous avons préféré mettre le point au-dessus de l'ut, parce que, de cette manière, nous n'avons qu'un point au lieu de trois.

Les quatre premières notes de l'air *A coups d'pied à coups d'poing*

sont : ⎰ ut si la sol ⎱
⎱ 1 7 6 5 ⎰

On peut donc, au moyen de l'air *A coups d'pied à coups d'poing*, apprendre les quatre notes ⎰ ut si la sol ⎱ Lorsque, après les avoir répétées
⎱ 1 7 6 5 ⎰

plusieurs fois, on les saura bien, on pourra passer aux exercices ci-dessous :

### N° 1.

| | | | |
|---|---|---|---|
| ,1765, | ,1 7 6 5, | ,17 6 5, | ,17 6 5, |
| ,1765, 1 | 1 1 77 66 55 1 | 17 76 65 51 | 17 ,765, 1 |
| 176 1 | 1 1 77 66 1 | 17 76 6 1 | 17 76 1 |
| 17 1 | 1 1 77 1 | 17 7 1 | 17 7 1 |
| 1765 151 | 1 1 77 66 55 151 | 17 76 65 51 | 17 765 151 |

*Étude des notes* { sol la si ut / 5 6 7 í }

Les quatre premières notes de l'air de *Cadet Rousselle* sont : { sol la si ut / 5 6 7 í } On peut donc, au moyen de l'air de *Cadet Rousselle*, apprendre les quatre notes { sol la si ut / 5 6 7 í } Lorsque, après les avoir répétées plusieurs fois, on les saura bien, on pourra passer aux exercices ci-dessous :

### N. 2.

```
,5671,      |,5 6  7  í,       |,56  7  í,        |,56 7 í,
5671 5      |55 66 77 íí 5     |56 67 7í í5       |56,67í,5
567  5      |55 66 77     5    |56 67 7     5     |56 67  5
56   5      |55 66        5    |56 67       5     |56 6   5
5671 5í     |55 66 77 íí 55 í  |56 67 7í í5 5í    |56,67í,5í
```

### N° 3.

```
,í 7  6  5, |,5 6  7  í,   |,5  6  7  í,    |,í  7  6  5, | í5í
íí 77 66 55 |55 66 77 íí   |55 66 77 íí    |íí 77 66 55  | í5í
í 7 76 65   |56 67 7í      |56 67 7í       |í7 76 65     | í5í
í 7 ,76 5,  |56,6 7 í,     |56 ,67 í,      |í7,76 5,     | í5í
```

### N° 4.

```
í765  567  í |5671  í765     |í76567í     |567í765
í765   67  í |5671   765     |í76   7í    |567   65
í76    67  í |567    765     |í7     í    |56     5
í76     7  í |567     65     |í76   7í    |567   65
í7         í |56       5     |í76567í 5í  |567í765 í5í
í765 567í 5í |5671 í765 í5í  |
```

## N° 5.

| | | | |
|---|---|---|---|
| 1̇765 | 5 67 1̇ | 1̇ 765 | 5671̇ |
| 1̇5 565 | 565 51̇ | 1̇71̇ 1̇765 | 5671̇ 1̇71̇ |
| 1̇ 565 | 565 1̇ | 1̇71̇ 5 | 5 1̇71̇ |
| ,1̇ 65, | ,56 1̇, | ,1̇7 5, | ,5 71̇, |

Il faudra étudier le numéro 6, ci-dessous, de la même manière que le numéro **7** de la première série (voir ci-dessus, première série, page 38, comment l'on doit étudier le numéro 7).

Il ne faut jamais chanter un *si*, sans penser à l'*ut*, avant et après, donc : toutes les fois qu'un *si* se présentera il faudra le chanter en pensant *ut si ut*. — Ceci est TRÉS-IMPORTANT.

## N° 6.

| | | | | | | |
|---|---|---|---|---|---|---|
| 1̇71̇ | 1̇765671̇ | 5671̇765 | 1̇ | 1̇765 | 5671̇ | 1̇ |
| 1̇71̇ | 1̇765 | 5671̇ | 1̇ | 1̇756 | 561̇7 | 1̇ |
| 1̇71̇ | $1̇7_6 56$ | $56_7 1̇7$ | 1̇ | 1̇657 | 571̇6 | 1̇ |
| 1̇71̇ | $1̇_7 65_6 7$ | $5_6 71̇_7 6$ | 1̇ | 1̇675 | 5761̇ | 1̇ |
| 1̇71̇ | $1̇_7 67_6 5$ | $5_6 76_7 1̇$ | 1̇ | 1̇567 | 51̇76 | 1̇ |
| 1̇71̇ | $1̇_{76} 5 67$ | $5_{67} 1̇76$ | 1̇ | 1̇576 | 51̇67 | 1̇ |
| 1̇71̇ | $1̇_{26} 5_6 76$ | $5_{67} 1̇_7 67$ | 1̇ | | | |

TROISIÈME SÉRIE D'EXERCICES.

## N° 1.

*Étude des notes* 12345671̇ 1̇7654321.

| | | | |
|---|---|---|---|
| 12345 ,5671̇ , | 1̇765 54321 | 12345671̇ 1̇ | 1̇7654321 1̇ |
| 12345 671̇ 1̇ | 1̇765 4321 1̇ | 12 2345671̇ 1̇ | 1̇7 7654321 1̇ |
| 12345 67 1̇ | 1̇765 432 1̇ | 123 345671̇ 1̇ | 1̇76 654321 1̇ |
| 12345 6 1̇ | 1̇765 43 1̇ | 1234 45671̇ 1̇ | 1̇765 54321 1̇ |
| 12345 1̇ | 1̇765 4 1̇ | 12345 5671̇ 1̇ | 1̇7654 4321 1̇ |
| 1234 1̇ | 1̇765 1̇ | 123456 671̇ 1̇ | 1̇76543 321 1̇ |
| 123 1̇ | 1̇76 1̇ | 1234567 71̇ 1̇ | 1̇765432 21 1̇ |
| 12 1̇ | 1̇7 1̇ | 1234567 1̇ 1̇ | 1̇765432 1̇ 1̇1̇ |
| 12345671̇ 1̇1̇1̇ | 1̇7654321 1̇1̇ | | |

| → | | → | |
|---|---|---|---|
| 12345671 | 17654321 | 17654321 | 12345671 |
| 12345671 | 7654321 | 17654321 | 2345671 |
| 1234567 | 7654321 | 1765432 | 2345671 |
| 1234567 | 654321 | 1765432 | 345671 |
| 123456 | 654321 | 176543 | 345671 |
| 123456 | 54321 | 176543 | 45671 |
| 12345 | 54321 | 17654 | 45671 |
| 12345 | 4321 | 17654 | 5671 |
| 1234 | 4321 | 1765 | 5671 |
| 1234 | 321 | 1765 | 671 |
| 123 | 321 | 176 | 671 |
| 123 | 21 | 176 | 71 |
| 12 | 1 | 17 | 1 |
| 12345671 | 17654321 | 17654321 | 12345671 |

| → | | → | |
|---|---|---|---|
| 1234567 | 17654321 | 17654321 | 2345671 |
| 1234567 | 654321 | 1765432 | 345671 |
| 123456 | 54321 | 176543 | 45671 |
| 12345 | 4321 | 17654 | 5671 |
| 1234 | 321 | 1765 | 671 |
| 123 | 21 | 176 | 71 |
| 12 | 1 | 17 | 1 |
| 123 | 21 | 176 | 71 |
| 1234 | 321 | 1765 | 671 |
| 12345 | 4321 | 17654 | 5671 |
| 123456 | 54321 | 176543 | 45671 |
| 1234567 | 654321 | 1765432 | 345671 |
| 1234567 | 17654321 | 17654321 | 2345671 |

## N° 2.

| → | | | | → | | |
|---|---|---|---|---|---|---|
| 123 | 345 | 5671 | | 1765 | 543 | 321 |
| 123 | 345 | 5671 | | 1765 | 543 | 321 |
| 13 | 35 | 51 | | 15 | 53 | 31 |
| 13 | 5 | 1 | | 15 | 3 | 1 |

| → | | | → | | |
|---|---|---|---|---|---|
| 1351 | 1531 | | 1531 | 1351 | |
| 1351 | 531 | | 1531 | 351 | |
| 135 | 531 | | 153 | 351 | |
| 135 | 31 | | 153 | 51 | |
| 13 | 1 | | 15 | 1 | |
| 1351 | 1531 | 11 | 1531 | 1351 | 1 |

| → | | → | |
|---|---|---|---|
| 1351531 | | 1531351 | |
| 135 | 31 | 153 | 51 |
| 13 | 1 | 15 | 1 |
| 135 | 31 | 153 | 51 |
| 1351531 | | 15313511 | |

| → | | | | | → | | | | |
|---|---|---|---|---|---|---|---|---|---|
| 13 | 31 | 35 | 53 | 51 | 15 | 51 | 53 | 35 | 31 |
| 13 | 313 | 5 | 535 | 1 | 15 | 515 | 3 | 353 | 1 |
| 13 | 31 | 5 | 53 | 1 | 15 | 51 | 3 | 35 | 1 |
| 13 | 1 | 5 | 3 | 1 | 15 | 1 | 3 | 5 | 1 |

QUATRIÈME SÉRIE D'EXERCICES.

*Etude des notes* 17654321765 56712345671.

## N° 1.

| | | | |
|---|---|---|---|
| 1765 54321 1765 | 5671 12345 5671 | 17654321765 | 56712345671 |
| 1765 4321 765 1 | 5671 2345 671 5 | 17 7654321765 | 56 6712345671 |
| 1765 4321 76 1 | 5671 2345 67 5 | 176 654321765 | 567 712345671 |
| 1765 4321 7 1 | 5671 2345 6 5 | 1765 54321765 | 5671 12345671 |
| 1765 4321 1 | 5671 2345 5 | 17654 4321765 | 56712 2345671 |
| 1765 432 1 | 5671 234 5 | 176543 321765 | 567123 345671 |
| 1765 43 1 | 5671 23 5 | 1765432 21765 | 5671234 45671 |
| 1765 4 1 | 5671 2 5 | 17654321 1765 | 56712345 5671 |
| 1765 1 | 5671 5 | 176543217 765 | 567123456 671 |
| 176 1 | 567 5 | 1765432176 65 | 5671234567 71 |
| 17 1 | 56 5 | 17654321765 | 56712345671 |
| 17654321765 1 51 151 | 56712345671 51 151 | | |

| | | | |
|---|---|---|---|
| 17654321765 | 56712345671 | 56712345671 | 17654321765 |
| 17654321765 | 6712345671 | 56712345671 | 7654321765 |
| 1765432176 | 6712345671 | 56712345671 | 7654321765 |
| 1765432176 | 712345671 | 56712345671 | 654321765 |
| 17654321 7 | 712345671 | 567123456 | 654321765 |
| 17654321 7 | 12345671 | 567123456 | 54321765 |
| 17654321 | 12345671 | 5671234 5 | 54321765 |
| 17654321 | 2345671 | 5671234 5 | 4321765 |
| 1765432 | 2345671 | 5671234 | 4321765 |
| 1765432 | 345671 | 5671234 | 321765 |
| 176543 | 345671 | 567123 | 321765 |
| 176543 | 45671 | 567123 | 21765 |
| 17654 | 45671 | 56712 | 21765 |
| 17654 | 5671 | 56712 | 1765 |
| 1765 | 5671 | 5671 | 1765 |
| 1765 | 671 | 5671 | 765 |
| 176 | 671 | 567 | 765 |
| 176 | 71 | 567 | 65 |
| 17 | 1 | 56 | 5 |
| 17654321765 56712345671 51 | | 56712345671 17654321765 51 | |

| | | | |
|---|---|---|---|
| 176543217656712345671 | | 567123456717654321765 | |
| 1765432176 | 712345671 | 5671234567 | 654321765 |
| 176543217 | 12345671 | 567123456 | 54321765 |
| 17654321 | 2345671 | 56712345 | 4321765 |
| 1765432 | 345671 | 5671234 | 321765 |
| 176543 | 45671 | 567123 | 21765 |
| 17654 | 5671 | 56712 | 1765 |
| 1765 | 671 | 5671 | 765 |
| 176 | 71 | 567 | 65 |
| 17 | 1 | 56 | 5 |
| 176 | 71 | 567 | 65 |
| 1765 | 671 | 5671 | 765 |
| 17654 | 5671 | 56712 | 1765 |
| 176543 | 45671 | 567123 | 21765 |
| 1765432 | 345671 | 5671234 | 321765 |
| 17654321 | 2345671 | 56712345 | 4321765 |
| 176543217 | 12345671 | 567123456 | 54321765 |
| 1765432176 | 712345671 | 5671234567 | 654321765 |
| 176543217656712345671 | | 567123456717654321765151 | |

## N° 2.

| 1765 | 543 | 321 | 1765 | 5671 | 123 | 345 | 5671 |
|---|---|---|---|---|---|---|---|
| 1765 | 543 | 321 | 1765 | 5671 | 123 | 345 | 5671 |
| 15 | 53 | 31 | 15 | 51 | 13 | 35 | 51 |
| 15 | 3 | 1 | 5 | 51 | 3 | 5 | 1 |

| | | | |
|---|---|---|---|
| 15315 | 51351 | 51351 | 15315 |
| 15315 | 1351 | 51351 | 5315 |
| 1531 | 1351 | 5135 | 5315 |
| 1531 | 351 | 5135 | 315 |
| 153 | 351 | 513 | 315 |
| 153 | 51 | 513 | 15 |
| 15 | 1 | 51 | 5 |
| 15315 | 5135151 | 51351 | 1531451 |

| | | | |
|---|---|---|---|
| 15315 | 1351 | 51351 | 5315 |
| 1531 | 351 | 5135 | 315 |
| 153 | 51 | 513 | 15 |
| 15 | 1 | 51 | 5 |
| 153 | 51 | 513 | 15 |
| 1531 | 351 | 5135 | 315 |
| 153151351 | | 5135153151 | |

15 51 53 35 31 13 15 | 51 15 13 31 35 53 51
15 515 3 353 1 131 5 | 51 151 3 313 5 535 1
15 51 3 35 1 13 5 | 51 15 3 31 5 53 1
15 ,1 3 ,5 1 ,3 5, | 51 ,5 3 ,1 5 ,3 1,

**N° 3.**

176 654 432 217 765 | 567 712 234 456 671
176 654 432 217 765 | 567 712 234 456 671
16 64 42 27 75 | 57 72 24 46 61
16 4 2 7 5 | 57 2 4 6 1

164275 57246 1 | 57246 1 164275 | 164275 57246 1 | 57246 1 164275
164275 7246 1 | 57246 1 64275 | 164275 246 1 | 57246 4275
16427 7246 1 | 57246 64275 | 16427 46 1 | 5724 275
16427 246 1 | 57246 4275 | 164 6 1 | 572 75
1642 246 1 | 5724 4275 | 16 1 | 57 5
1642 46 1 | 5724 275 | 164 6 1 | 572 75
164 46 1 | 572 275 | 1642 46 1 | 5724 275
164 6 1 | 572 75 | 16427 246 1 | 57246 4275
16 1 | 57 5 | 164275 57246 1 | 57246 1 164275
164275 57246 1 51 | 57246 1 164275 1 | 57246 1 164275 1

16 61 64 46 42 24 27 72 75 | 57 75 72 27 24 42 46 64 61
16 6164 4642 2427 7275 | 57 7572 2724 4246 646 1
16 61 4 46 2 24 7 72 5 | 57 75 2 27 4 42 6 64 1
16 1 4 6 2 4 7 2 5 | 57 5 2 7 4 2 6 4 1

CINQUIÈME SÉRIE D'EXERCICES.

*Étude des notes* 135, 146, 725.

**N° 1.**

13531 | 53135 || 13 343 35 565 | 565 53 343 31
1353 | 5313 || 13 43 5 65 | 565 3 43 1
1351 | 5315 || 1 43 5 65 | 565 43 1
1315 | 5351 || 1 43 65 | 56 43 1
1531 | 5135 || 1 4 65 | 56 4 1
1535 | 5131 ||
4513 | 5153 ||

| 171 | 12 | 23 | 35 | | 53 | 32 | 21 | 171 |
|---|---|---|---|---|---|---|---|---|
| 171 | 2 | 23 | 35 | | 53 | 32 | 2 | 171 |
| 171 | 2 |  | 35 | | 5 | 3 | 2 | 171 |
| 171 | 2 |  | 5 | | 5 |  | 2 | 171 |
| 17 | 2 |  | 5 | | 5 |  | 2 | 71 |

N° 2.

| 13531 | 14641 | 13531 | 72527 | 13531 | 1 | 53135 | 64146 | 53135 | 52725 | 53135 | 1 |
|---|---|---|---|---|---|---|---|---|---|---|---|
| 1353 | 1464 | 1353 | 7252 | 1353 | 1 | 5313 | 6414 | 5313 | 5272 | 5313 | 1 |
| 1351 | 1464 | 1351 | 7257 | 1351 | 1 | 5315 | 6416 | 5315 | 5275 | 5345 | 1 |
| 1315 | 1416 | 1315 | 7275 | 1315 | 1 | 5351 | 6464 | 5351 | 5257 | 5351 | 1 |
| 1531 | 1641 | 1531 | 7527 | 1531 | 1 | 5135 | 6446 | 5135 | 5725 | 5135 | 1 |
| 1535 | 1646 | 1535 | 7525 | 1535 | 1 | 5431 | 6141 | 5431 | 5727 | 5431 | 1 |
| 1513 | 1614 | 1513 | 7572 | 1513 | 1 | 5153 | 6464 | 5153 | 5752 | 5153 | 1 |

SIXIÈME SÉRIE D'EXERCICES.

Études des notes 513 614 572.

N° 1.

| 13151 | 51315 |
|---|---|
| 1315 | 5131 |
| 1351 | 5135 |
| 1353 | 5153 |
| 1513 | 5315 |
| 1531 | 5313 |
| 1535 | 5351 |

| 565 | 51 | 43 | 343 | 343 | 31 | 15 | 565 | 51 | 171 | 121 | 121 | 171 | 15 |
|---|---|---|---|---|---|---|---|---|---|---|---|---|---|
| 565 | 51 | 3 | 43 | 343 |  | 15 | 565 | 51 | 171 | 21 | 121 | 71 | 15 |
| 565 | 1 | 3 | 43 | 343 |  | 1 | 565 | 51 | 71 | 21 | 121 | 71 | 5 |
| 565 | 1 |  | 43 | 343 |  | 1 | 65 | 51 | 7 | 21 | 12 | 71 | 5 |
| 56 | 1 |  | 43 | 34 |  | 1 | 65 | 5 | 7 | 21 | 12 | 7 | 5 |

N° 2.

| 13151 | 14161 | 13151 | 72757 | 13151 | 1 | 51315 | 61416 | 51315 | 57275 | 51315 | 1 |
|---|---|---|---|---|---|---|---|---|---|---|---|
| 1315 | 1416 | 1315 | 7275 | 1315 | 1 | 5131 | 6141 | 5131 | 5727 | 5131 | 1 |
| 1351 | 1461 | 1351 | 7257 | 1351 | 1 | 5135 | 6146 | 5135 | 5725 | 5135 | 1 |
| 1353 | 1464 | 1353 | 7252 | 1353 | 1 | 5153 | 6164 | 5153 | 5752 | 5153 | 1 |
| 1513 | 1614 | 1513 | 7572 | 1513 | 1 | 5315 | 6416 | 5315 | 5275 | 5315 | 1 |
| 1531 | 1641 | 1531 | 7527 | 1531 | 1 | 5313 | 6414 | 5313 | 5272 | 5313 | 1 |
| 1535 | 1646 | 1535 | 7525 | 1535 | 1 | 5351 | 6461 | 5351 | 5257 | 5351 | 1 |

SEPTIÈME SÉRIE D'EXERCICES.

*Études des notes 153 164 752.*

**N° 1.**

| | | | | | | | | | | | | | | | | | |
|---|---|---|---|---|---|---|---|---|---|---|---|---|---|---|---|---|---|
| 15351 | 51535 | 15 | 565 | 53 | 343 | 343 | 35 | 565 | 51 | 171 | 15 | 53 | 32 | 23 | 35 | 51 | 171 |
| 1535 | 5153 | 15 | 65 | 3 | 43 | 343 | 35 | 65 | 1 | 171 | 15 | 3 | 32 | 23 | 5 | 51 | 171 |
| 1531 | 5135 | 15 | 65 | | 43 | 343 | 5 | 65 | 1 | 171 | 5 | | 32 | 23 | | 51 | 171 |
| 1515 | 5131 | 15 | 6 | | 43 | 343 | | 65 | 1 | 17 | 5 | | 32 | 23 | | 51 | 71 |
| 1351 | 5351 | 1 | 6 | | 43 | 34 | | 65 | 1 | 17 | 5 | | 2 | 2 | | 5 | 71 |
| 1353 | 5315 | | | | | | | | | | | | | | | | |
| 1315 | 5313 | | | | | | | | | | | | | | | | |

**N° 2.**

| | | | | | | | | | | | |
|---|---|---|---|---|---|---|---|---|---|---|---|
| 15351 | 16461 | 15351 | 75257 | 15351 | 1 | 51535 | 61646 | 51535 | 57525 | 51535 | 1 |
| 1535 | 1646 | 1535 | 7525 | 1535 | 1 | 5153 | 6164 | 5153 | 5752 | 5153 | 1 |
| 1531 | 1641 | 1531 | 7527 | 1531 | 1 | 5135 | 6146 | 5135 | 5725 | 5135 | 1 |
| 1513 | 1614 | 1513 | 7572 | 1513 | 1 | 5131 | 6141 | 5131 | 5727 | 5131 | 1 |
| 1351 | 1461 | 1351 | 7257 | 1351 | 1 | 5351 | 6461 | 5351 | 5257 | 5351 | 1 |
| 1353 | 1464 | 1353 | 7252 | 1353 | 1 | 5315 | 6416 | 5315 | 5275 | 5315 | 1 |
| 1315 | 1416 | 1315 | 7275 | 1315 | 1 | 5313 | 6414 | 5313 | 5272 | 5313 | 1 |

HUITIÈME SÉRIE D'EXERCICES.

*Étude des notes 135 136 724.*

**N° 1.**

| | | | | | | | | | | | |
|---|---|---|---|---|---|---|---|---|---|---|---|
| 13531 | 13631 | 13531 | 72427 | 13531 | 1 | 53135 | 63136 | 53135 | 42724 | 53135 | 1 |
| 1353 | 1363 | 1353 | 7242 | 1353 | 1 | 5313 | 6313 | 5313 | 4272 | 5313 | 1 |
| 1351 | 1361 | 1351 | 7247 | 1351 | 1 | 5315 | 6316 | 5315 | 4274 | 5315 | 1 |
| 1315 | 1316 | 1315 | 7274 | 1315 | 1 | 5351 | 6361 | 5351 | 4247 | 5351 | 1 |
| 1531 | 1631 | 1531 | 7427 | 1531 | 1 | 5135 | 6136 | 5135 | 4724 | 5135 | 1 |
| 1535 | 1636 | 1535 | 7424 | 1535 | 1 | 5131 | 6131 | 5131 | 4727 | 5131 | 1 |
| 1513 | 1613 | 1513 | 7472 | 1513 | 1 | 5153 | 6163 | 5153 | 4742 | 5153 | 1 |

*Étude des notes 513 618 472.*

## N° 2.

| | | | | | | | | | | | |
|---|---|---|---|---|---|---|---|---|---|---|---|
| 13151 | 13161 | 13151 | 72747 | 13151 | 1 | 51315 | 61316 | 51315 | 47274 | 51315 | 1 |
| 1315 | 1316 | 1315 | 7274 | 1315 | 1 | 5131 | 6131 | 5131 | 4727 | 5131 | 1 |
| 1351 | 1361 | 1351 | 7247 | 1351 | 1 | 5135 | 6136 | 5135 | 4724 | 5135 | 1 |
| 1353 | 1363 | 1353 | 7242 | 1353 | 1 | 5153 | 6163 | 5153 | 4742 | 5153 | 1 |
| 1513 | 1613 | 1513 | 7472 | 1513 | 1 | 5315 | 6316 | 5315 | 4274 | 5315 | 1 |
| 1531 | 1634 | 1531 | 7427 | 1531 | 1 | 5313 | 6313 | 5313 | 4272 | 5313 | 1 |
| 1535 | 1636 | 1535 | 7424 | 1535 | 1 | 5351 | 6364 | 5351 | 4247 | 5351 | 1 |

*Étude des notes 153, 163, 742.*

## N. 3.

| | | | | | | | | | | | |
|---|---|---|---|---|---|---|---|---|---|---|---|
| 15351 | 16361 | 15351 | 74247 | 15351 | 1 | 51535 | 61636 | 51535 | 47424 | 51535 | 1 |
| 1535 | 1636 | 1535 | 7424 | 1535 | 1 | 5153 | 6163 | 5153 | 4742 | 5153 | 1 |
| 1531 | 1631 | 1531 | 7427 | 1531 | 1 | 5135 | 6136 | 5135 | 4724 | 5135 | 1 |
| 1513 | 1613 | 1513 | 7472 | 1513 | 1 | 5131 | 6131 | 5131 | 4727 | 5131 | 1 |
| 1351 | 1361 | 1351 | 7247 | 1351 | 1 | 5351 | 6361 | 5351 | 4247 | 5351 | 1 |
| 1353 | 1363 | 1353 | 7242 | 1353 | 1 | 5315 | 6316 | 5315 | 4274 | 5315 | 1 |
| 1315 | 1316 | 1315 | 7274 | 1315 | 1 | 5313 | 6313 | 5313 | 4272 | 5313 | 1 |

NEUVIÈME SÉRIE D'EXERCICES.

*Étude des notes 135, 246, 735.*

## N 1.°

| | | | | | | | | | | | |
|---|---|---|---|---|---|---|---|---|---|---|---|
| 13531 | 24642 | 13531 | 73537 | 13531 | 1 | 53135 | 64246 | 53135 | 53735 | 53135 | 1 |
| 1353 | 2464 | 1353 | 7353 | 1353 | 1 | 5313 | 6424 | 5313 | 5373 | 5313 | 1 |
| 1351 | 2462 | 1351 | 7357 | 1351 | 1 | 5315 | 6426 | 5315 | 5375 | 5315 | 1 |
| 1315 | 2426 | 1315 | 7375 | 1315 | 1 | 5351 | 6462 | 5351 | 5357 | 5351 | 1 |
| 1531 | 2642 | 1531 | 7537 | 1531 | 1 | 5135 | 6246 | 5135 | 5735 | 5135 | 1 |
| 1535 | 2646 | 1535 | 7535 | 1535 | 1 | 5131 | 6242 | 5131 | 5737 | 5131 | 1 |
| 1513 | 2624 | 1513 | 7573 | 1513 | 1 | 5153 | 6264 | 5153 | 5753 | 5153 | 1 |

*Étude des notes* 513 624 573.

## N° 2.

| | | | | | | | | | | | |
|---|---|---|---|---|---|---|---|---|---|---|---|
| 13151 | 24262 | 13151 | 73757 | 13151 | 1 | 51315 | 62426 | 51315 | 57375 | 51315 | 1 |
| 1315 | 2426 | 1315 | 7375 | 1315 | 1 | 5131 | 6242 | 5131 | 5737 | 5131 | 1 |
| 1351 | 2462 | 1351 | 7357 | 1351 | 1 | 5135 | 6246 | 5135 | 5735 | 5135 | 1 |
| 1353 | 2464 | 1353 | 7353 | 1353 | 1 | 5153 | 6264 | 5153 | 5753 | 5153 | 1 |
| 1513 | 2624 | 1513 | 7573 | 1513 | 1 | 5315 | 6426 | 5315 | 5375 | 5315 | 1 |
| 1531 | 2642 | 1531 | 7537 | 1531 | 1 | 5313 | 6424 | 5313 | 5373 | 5313 | 1 |
| 1535 | 2646 | 1535 | 7535 | 1535 | 1 | 5351 | 6462 | 5351 | 5357 | 5351 | 1 |

*Étude des notes* 153 264 753.

## N° 3.

| | | | | | | | | | | | |
|---|---|---|---|---|---|---|---|---|---|---|---|
| 15351 | 26462 | 15351 | 75357 | 15351 | 1 | 51535 | 62646 | 51535 | 57535 | 51535 | 1 |
| 1535 | 2646 | 1535 | 7535 | 1535 | 1 | 5153 | 6264 | 5153 | 5753 | 5153 | 1 |
| 1531 | 2642 | 1531 | 7537 | 1531 | 1 | 5135 | 6246 | 5135 | 5735 | 5135 | 1 |
| 1513 | 2624 | 1513 | 7573 | 1513 | 1 | 5131 | 6242 | 5131 | 5737 | 5131 | 1 |
| 1351 | 2462 | 1351 | 7357 | 1351 | 1 | 5351 | 6462 | 5351 | 5357 | 5351 | 1 |
| 1353 | 2464 | 1353 | 7353 | 1353 | 1 | 5315 | 6426 | 5315 | 5375 | 5315 | 1 |
| 1315 | 2426 | 1315 | 7375 | 1315 | 1 | 5313 | 6424 | 5313 | 5373 | 5313 | 1 |

DIXIÈME SÉRIE D'EXERCICES.

*Etude des notes* 135 1246 7245.

## N° 1.

| | | | | | |
|---|---|---|---|---|---|
| 13531 | 1246421 | 13531 | 7245427 | 13531 | 1 |
| 53135 | 6421246 | 53135 | 5427245 | 53135 | 1 |
| 13151 | 1242161 | 13151 | 7242757 | 13151 | 1 |
| 51315 | 6124216 | 51315 | 5724275 | 51315 | 1 |

| 1351531 | 2461642 | 1351531 | 2457542 | 1351531 | 1 |
|---|---|---|---|---|---|
| 1531351 | 1642461 | 1531351 | 7542457 | 1531351 | 1 |

| 1535i | 2164612 | 1535i | 2754572 | 1535i | 1 |
|---|---|---|---|---|---|
| 51535 | 1216461 | 51535 | 7275457 | 51535 | 1 |

*Étude des notes 135 1346 7246.*

**N° 2.**

| 12531 | 1346431 | 13531 | 7246427 | 13531 | 1 |
|---|---|---|---|---|---|
| 53135 | 6431346 | 53135 | 6427246 | 53135 | 1 |

| 13151 | 1343161 | 13151 | 7242767 | 13151 | 1 |
|---|---|---|---|---|---|
| 51315 | 6134316 | 51315 | 6724276 | 51315 | 1 |

| 1351531 | 3461643 | 1351531 | 2467642 | 1351531 | 1 |
|---|---|---|---|---|---|
| 1531351 | 1643461 | 1531351 | 7642467 | 1531351 | 1 |

| 1535i | 3164613 | 1535i | 2764672 | 1535i | i |
|---|---|---|---|---|---|
| 51535 | 1316461 | 51535 | 7276467 | 51535 | i |

*Étude des notes 135 1356 7235.*

**N° 3.**

| 13531 | 1356531 | 13531 | 7235327 | 13531 | 1 |
|---|---|---|---|---|---|
| 53135 | 6531356 | 53135 | 5327235 | 53135 | 1 |

| 13151 | 1353161 | 13151 | 7232757 | 13151 | 1 |
|---|---|---|---|---|---|
| 51315 | 6135316 | 51315 | 5723275 | 51315 | 1 |

| 1351531 | 1356531 | 1351531 | 2357532 | 1351531 | 1 |
|---|---|---|---|---|---|
| 1531351 | 6531356 | 1531351 | 7532357 | 1531351 | 1 |

| 1535i | 1653561 | 1535i | 2753572 | 1535i | i |
|---|---|---|---|---|---|
| 51535 | 6165356 | 51535 | 7275357 | 51535 | i |

ONZIÈME SÉRIE D'EXERCICES.

*Étude des gammes harmoniques pour l'étendue de la voix humaine.*

### N° 1.

| 1 | 2 | 3 | 4 | 5 | 6 | 7 | 1 | |
|---|---|---|---|---|---|---|---|---|
| 13531 | 25752 | 35153 | 46164 | 51315 | 61416 | 72527 | 13531 | 1 |
| 1353 | 2575 | 3515 | 4616 | 5131 | 6141 | 7252 | 1353 | 1 |
| 1351 | 2572 | 3513 | 4614 | 5135 | 6146 | 7257 | 1351 | 1 |
| 1315 | 2527 | 3531 | 4641 | 5153 | 6164 | 7275 | 1315 | 1 |
| 1531 | 2752 | 3153 | 4164 | 5315 | 6416 | 7527 | 1531 | 1 |
| 1535 | 2757 | 3151 | 4161 | 5313 | 6414 | 7525 | 1535 | 1 |
| 1513 | 2725 | 3135 | 4146 | 5351 | 6461 | 7572 | 1513 | 1 |

| 1 | 7 | 6 | 5 | 4 | 3 | 2 | 1 | |
|---|---|---|---|---|---|---|---|---|
| 13531 | 72527 | 61416 | 51315 | 46164 | 35153 | 25752 | 13531 | 1 |
| 1353 | 7252 | 6141 | 5131 | 4616 | 3515 | 2575 | 1353 | 1 |
| 1351 | 7257 | 6146 | 5135 | 4614 | 3513 | 2572 | 1351 | 1 |
| 1315 | 7275 | 6164 | 5153 | 4641 | 3531 | 2527 | 1315 | 1 |
| 1531 | 7527 | 6416 | 5315 | 4164 | 3153 | 2752 | 1531 | 1 |
| 1535 | 7525 | 6414 | 5313 | 4161 | 3151 | 2757 | 1535 | 1 |
| 1513 | 7572 | 6461 | 5351 | 4146 | 3135 | 2725 | 1513 | 1 |

### N° 1 *bis.*

| | | | | | | | | |
|---|---|---|---|---|---|---|---|---|
| 53135 | 75257 | 15351 | 16461 | 31513 | 41614 | 52725 | 53135 | 1 |
| 5313 | 7525 | 1535 | 1646 | 3151 | 4161 | 5272 | 5313 | 1 |
| 5315 | 7527 | 1531 | 1641 | 3153 | 4164 | 5275 | 5315 | 1 |
| 5351 | 7572 | 1513 | 1614 | 3135 | 4146 | 5257 | 5351 | 1 |
| 5135 | 7257 | 1351 | 1461 | 3513 | 4614 | 5725 | 5135 | 1 |
| 5131 | 7252 | 1353 | 1464 | 3515 | 4616 | 5727 | 5131 | 1 |
| 5153 | 7275 | 1315 | 1446 | 3531 | 4641 | 5752 | 5153 | 1 |

| | | | | | | | | |
|---|---|---|---|---|---|---|---|---|
| 53135 | 52725 | 41614 | 31513 | 16461 | 15351 | 75257 | 53135 | 1 |
| 5313 | 5272 | 4161 | 3151 | 1646 | 1535 | 7525 | 5313 | 1 |
| 5315 | 5275 | 4164 | 3153 | 1641 | 1531 | 7527 | 5315 | 1 |
| 5351 | 5257 | 4146 | 3135 | 1614 | 1513 | 7572 | 5351 | 1 |
| 5135 | 5725 | 4614 | 3513 | 1461 | 1351 | 7257 | 5135 | 1 |
| 5131 | 5727 | 4616 | 3515 | 1464 | 1353 | 7252 | 5131 | 1 |
| 5153 | 5752 | 4641 | 3531 | 1416 | 1315 | 7275 | 5153 | 1 |

## N° 2.

| 1 | 2 | 3 | 4 | 5 | 6 | 7 | 1 | |
|---|---|---|---|---|---|---|---|---|
| 15351 | 27572 | 31513 | 41614 | 53135 | 64146 | 75257 | 15351 | 1 |
| 1535 | 2757 | 3151 | 4161 | 5313 | 6414 | 7525 | 1535 | 1 |
| 1531 | 2752 | 3153 | 4164 | 5315 | 6416 | 7527 | 1531 | 1 |
| 1513 | 2725 | 3135 | 4146 | 5351 | 6461 | 7572 | 1513 | 1 |
| 1351 | 2572 | 3513 | 4614 | 5135 | 6146 | 7257 | 1351 | 1 |
| 1353 | 2575 | 3515 | 4616 | 5131 | 6141 | 7252 | 1353 | 1 |
| 1315 | 2527 | 3531 | 4641 | 5153 | 6164 | 7275 | 1315 | 1 |

| 1 | 7 | 6 | 5 | 4 | 3 | 2 | 1 | |
|---|---|---|---|---|---|---|---|---|
| 15351 | 75257 | 64146 | 53135 | 41614 | 31513 | 27572 | 15351 | 1 |
| 1535 | 7525 | 6414 | 5313 | 4161 | 3151 | 2757 | 1535 | 1 |
| 1531 | 7527 | 6416 | 5315 | 4164 | 3153 | 2752 | 1531 | 1 |
| 1513 | 7572 | 6461 | 5351 | 4146 | 3135 | 2725 | 1513 | 1 |
| 1351 | 7257 | 6146 | 5135 | 4614 | 3513 | 2572 | 1351 | 1 |
| 1353 | 7252 | 6141 | 5131 | 4616 | 3515 | 2575 | 1353 | 1 |
| 1315 | 7275 | 6164 | 5153 | 4641 | 3531 | 2527 | 1315 | 1 |

## N° 2 bis.

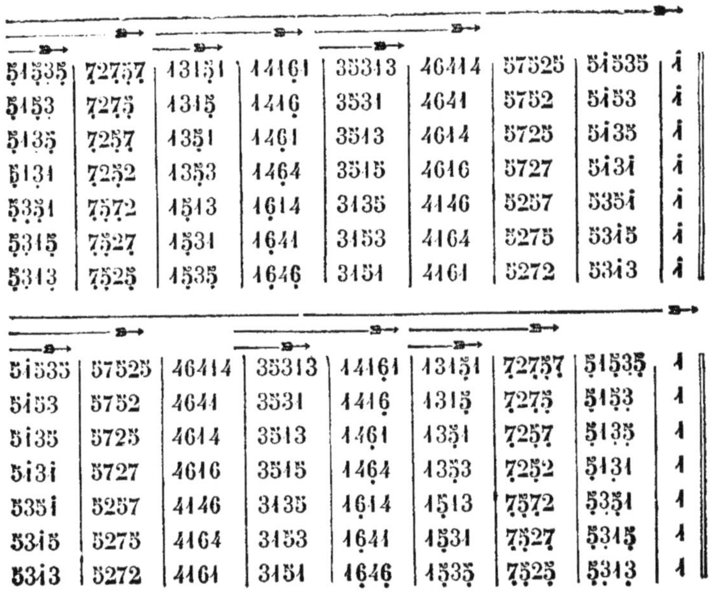

| | | | | | | | | |
|---|---|---|---|---|---|---|---|---|
| 51535 | 72757 | 13151 | 14161 | 35313 | 46414 | 57525 | 51535 | 1 |
| 5153 | 7275 | 1315 | 1416 | 3531 | 4641 | 5752 | 5153 | 1 |
| 5135 | 7257 | 1351 | 1461 | 3513 | 4614 | 5725 | 5135 | 1 |
| 5131 | 7252 | 1353 | 1464 | 3515 | 4616 | 5727 | 5131 | 1 |
| 5351 | 7572 | 1513 | 1614 | 3135 | 4146 | 5257 | 5351 | 1 |
| 5315 | 7527 | 1531 | 1641 | 3153 | 4164 | 5275 | 5315 | 1 |
| 5313 | 7525 | 1535 | 1646 | 3151 | 4161 | 5272 | 5313 | 1 |

| | | | | | | | | |
|---|---|---|---|---|---|---|---|---|
| 51535 | 57525 | 46414 | 35313 | 14161 | 13151 | 72757 | 51535 | 1 |
| 5153 | 5752 | 4641 | 3531 | 1416 | 1315 | 7275 | 5153 | 1 |
| 5135 | 5725 | 4614 | 3513 | 1461 | 1351 | 7257 | 5135 | 1 |
| 5131 | 5727 | 4616 | 3515 | 1464 | 1353 | 7252 | 5131 | 1 |
| 5351 | 5257 | 4146 | 3135 | 1614 | 1513 | 7572 | 5351 | 1 |
| 5315 | 5275 | 4164 | 3153 | 1641 | 1531 | 7527 | 5345 | 1 |
| 5313 | 5272 | 4161 | 3151 | 1646 | 1535 | 7525 | 5313 | 1 |

### DOUZIÈME SÉRIE D'EXERCICES.

*Étude des marches harmoniques pour l'étendue de la voix humaine.*

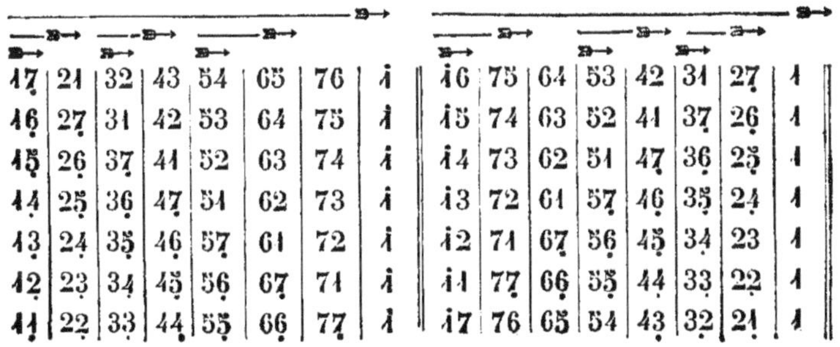

| | | | | | | | |
|---|---|---|---|---|---|---|---|
| 17 | 21 | 32 | 43 | 54 | 65 | 76 | 1 |
| 16 | 27 | 31 | 42 | 53 | 64 | 75 | 1 |
| 15 | 26 | 37 | 41 | 52 | 63 | 74 | 1 |
| 14 | 25 | 36 | 47 | 51 | 62 | 73 | 1 |
| 13 | 24 | 35 | 46 | 57 | 61 | 72 | 1 |
| 12 | 23 | 34 | 45 | 56 | 67 | 71 | 1 |
| 11 | 22 | 33 | 44 | 55 | 66 | 77 | 1 |

| | | | | | | | |
|---|---|---|---|---|---|---|---|
| 16 | 75 | 64 | 53 | 42 | 31 | 27 | 1 |
| 15 | 74 | 63 | 52 | 41 | 37 | 26 | 1 |
| 14 | 73 | 62 | 51 | 47 | 36 | 25 | 1 |
| 13 | 72 | 61 | 57 | 46 | 35 | 24 | 1 |
| 12 | 71 | 67 | 56 | 45 | 34 | 23 | 1 |
| 11 | 77 | 66 | 55 | 44 | 33 | 22 | 1 |
| 17 | 76 | 65 | 54 | 43 | 32 | 21 | 1 |

## DEUXIÈME CLASSE.

*Étude de la gamme de* LA, *mode mineur, en douze séries d'exercices.*

**NOTA** . Les deux premières séries peuvent, comme celles de la gamme d'ut
mode majeur, être étudiées simultanément, et de la même manière. Les autres
séries doivent être étudiées une à une et non deux à deux.

PREMIÈRE SÉRIE D'EXERCICES.

*Étude des notes* 6 7 1 2 3.

### N° 1.

| | | | | | | | | | |
|---|---|---|---|---|---|---|---|---|---|
| 176 | 671 | 123 | 321 | 176 | | 67123 | 32176 | 32176 | 67123 |
| | 671 | 23 | 321 | 76 | | 67123 | 2176 | 32176 | 7123 |
| | 671 | 23 | 21 | 76 | 36 | 6712 | 2176 | 3217 | 7123 |
| | | | | | | 6712 | 176 | 3217 | 123 |
| | 321 | 176 | 671 | 123 | | 671 | 176 | 321 | 123 |
| | 321 | 76 | 671 | 23 | | 671 | 76 | 321 | 23 |
| | 321 | 76 | 71 | 23636 | | 67 | 6 | 32 | 3 |
| | | | | | | 67123 | 32176 36 | 32176 | 67123 636 |

### N° 2.

| | | | | | |
|---|---|---|---|---|---|
| 671 | 123 | 321 | 176 | 613 316 | 316 613 | 61 16 13 | 31 13 16 |
| 671 | 123 | 321 | 176 | 613 16 | 316 13 | 61 1613 | 31 1316 |
| 61 | 13 | 31 | 16 | 61 6 | 31 3 | 61 16 3 | 31 13 6 |
| 61 | 3 | 31 | 6 | 613 316 36 | 316 613 636 | 61 6 3 | 31 3 6 |

### N° 3.

| | | | | | | | | | |
|---|---|---|---|---|---|---|---|---|---|
| 67123 | 61237 | 62317 | 63247 | 6 | 32176 | 34762 | 37126 | 36712 | 6 |
| 67132 | 61273 | 62371 | 63271 | 6 | 32167 | 34726 | 37162 | 36721 | 6 |
| 67231 | 61327 | 62173 | 63172 | 6 | 32764 | 31672 | 37216 | 36127 | 6 |
| 67213 | 61372 | 62137 | 63127 | 6 | 32716 | 31627 | 37261 | 36172 | 6 |
| 67321 | 61723 | 62713 | 63712 | 6 | 32671 | 34276 | 37612 | 36217 | 6 |
| 67312 | 61732 | 62731 | 63724 | 6 | 32647 | 34267 | 37621 | 36271 | 6 |

DEUXIÈME SÉRIE D'EXERCICES.

```
176 6543 6543 6543 343 36
          6543  43  6
       65      43  6
        6      43  6 36
```

*Étude des notes* LA JÈ FA MI.

### DÉFINITION DU JÈ OU SOL DIÈSE.

Le JÉ, ou sol dièse, est un son qui PRODUIT AVEC le LA le même air que le SI avec l'UT.

### COMMENT SE MARQUE LE DIÈSE.

LE DIÈSE, qui indique un son plus aigu, se marque sur la note, par un trait oblique tourné dans le même sens que l'ACCENT AIGU, de la manière suivante : 5.

### COMMENT ON APPREND A FAIRE LE SOL DIÈSE OU JÈ.

Puisque d'après la définition du JÈ, ou sol dièse, donnée ci-dessus, LE JÈ DOIT PRODUIRE AVEC LE LA le même air que le SI avec l'UT;

Il faut, pour s'habituer à faire le JÉ, chanter, sur l'air 171, les syllabes

```
{LA JÈ LA}
{ 6  5  6}
```

### COMMENT ON DOIT FAIRE CET EXERCICE.

Répétez plusieurs fois de suite l'air 171, en vous écoutant avec soin, afin d'appliquer exactement le même air aux syllabes, LA JÈ LA, que vous répéterez aussi plusieurs fois de suite en vous écoutant avec soin, afin de retenir l'effet que produit cet air.

Recommencez cet exercice jusqu'à ce que vous vous soyez rendu assez maître de LA JÉ LA pour le produire sans avoir besoin de UT SI UT pour vons guider.

Avis TRÈS IMPORTANT. Dans les exercices suivants, il ne faut jamais produire un 5 sans le placer, par la pensée, entre deux 6, ainsi : 656. Ne chantez donc jamais un 5 sans penser 656. Ceci est TRÈS-IMPORTANT.

De même, il ne faut jamais produire un 4 sans le placer, par la pensée, entre deux 3, ainsi : 343. N'exprimez donc jamais un 4 sans penser 343. Ceci est aussi TRÈS-INPORTANT. Tout le succès de l'étude tient à ces precautions.

### N° 1

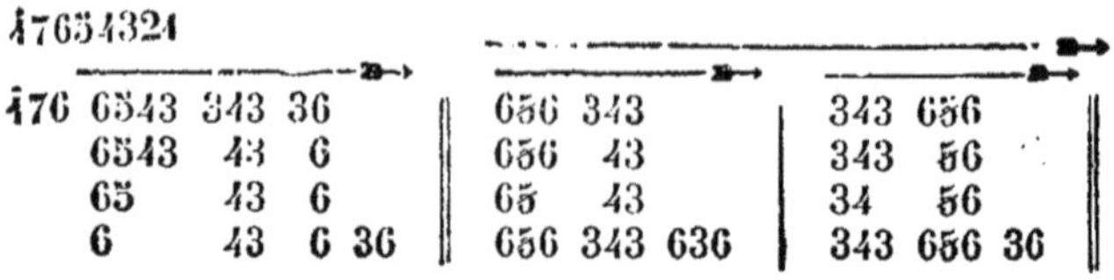

```
176543241

176 6543 343 36    │║  656 343        │║  343 656
    6543  43  6     │║  656  43        │║  343  56
    65    43  6     │║  65   43        │║  34   56
    6     43  6 36  │║  656 343 636    │║  343 656 36
```

### N° 2.

```
6543 3456      │3456 6543      ║6543456      │3456543      ║6543 3456 6
6543  456      │3456  543      ║654   56     │345   43     ║6534 3465 6
654   456      │345   543      ║65     6     │34     3     ║6435 3564 6
654    56      │345    43      ║654   56     │345   43     ║6453 3546 6
65      6      │34      3      ║6543456 36   │3456543636   ║6345 3654 6
6543 3456 36   │3456 6543 636  ║             │             ║6354 3645 6
```

---

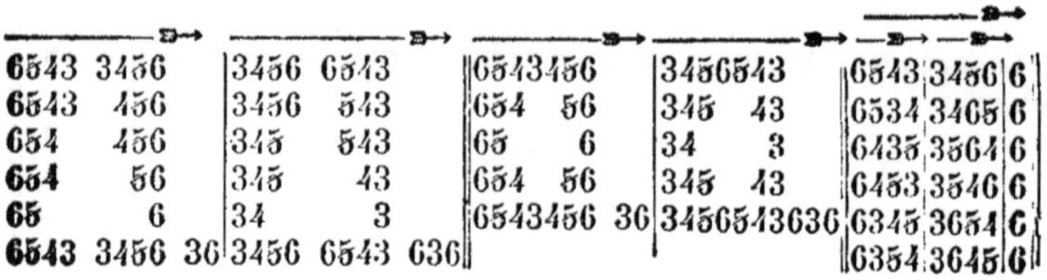

TROISIÈME SÉRIE D'EXERCICES.

*Étude des notes* 67123456 65432176.

### N° 1.

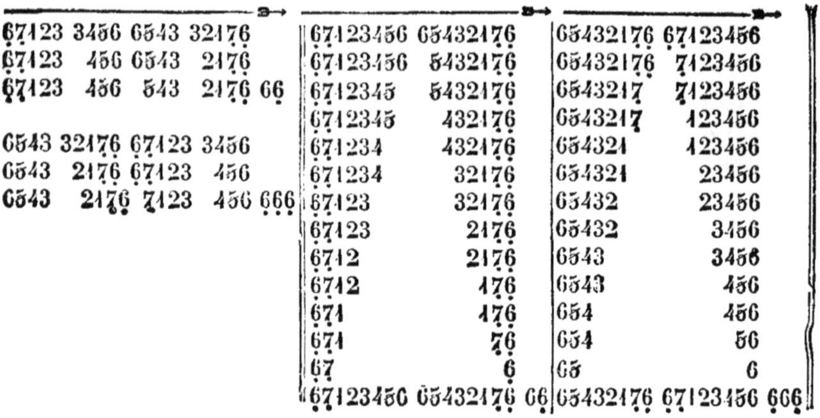

```
67123 3456 6543 32176     ║67123456 65432176     │65432176 67123456
67123  456 6543  2176     ║67123456  5432176     │65432176  7123456
67123  456  543  2176 66  ║6712345   5432176     │6543217   7123456
                          ║6712345    432176     │6543217    123456
6543 32176 67123 3456     ║671234     432176     │654321     123456
6543  2176 67123  456     ║671234      32176     │654321      23456
6543  2176  7123  456 666 ║67123       32176     │65432       23456
                          ║67123        2176     │65432        3456
                          ║6712         2176     │6543         3456
                          ║6712          176     │6543          456
                          ║671           176     │654           456
                          ║671            76     │654            56
                          ║67              6     │65              6
                          ║67123456 65432176 66  │65432176 67123456 666
```

```
671234565432176          654321767123456
671234 5  432176         654321 7  123456
671234    32176          654321    23456
67123      2176          65432      3456
6712        176          6543        456
671          76          654          56
67            6          65            6
671          76          654          56
6712        176          6543        456
67123      2176          65432      3456
671234    32176          654321    23456
671234 5  432176         654321 7  123456
671234565432176 66       654321767123456 666
```

### N° 2.

```
671     123     3456   │   6543     321     176
671     123     3456   │   6543     321     176
    61       13      36 │       63       31      16
    61        3       6 │       63        1       6
```

```
136 6316 │6316 6136 │6136316  │6316136  │61 16 13 31 36│63 36 31 13 16
136  316 │6316  136 │613   16 │631   36 │61 1613   3136│63 3631   1316
13   316 │631   136 │61     6 │63     6 │61 16 3  31 6 │63 36 1   13 6
13    16 │631    36 │613   16 │631   36 │61  6 3   1 6 │63  6 1    3 6
1      6 │63      6 │6136316 66│6316136 6│              │
136 6316 66│6316 6136 6│        │         │              │
```

---

QUATRIÈME SÉRIE D'EXERCICES.

*Etude des notes* 654321765 43 34567123456.

### N° 1.

```
6543 32176 6543 3456 67123 3456│3456 67123 3456 6543 32176 6543
6543  2176  543 3456  7123  456│3456  7123  456 6543  2176  543
6543  2176  543  456  7123  456│3456  7123  456  543  2176  543 36
```

**Top-left**

| | ∞ → |
|---|---|
| 65432176543 | 34567123456 |
| 65432176543 | 4567123456 |
| 6543217654 | 4567123456 |
| 6543217654 | 567123456 |
| 654321765 | 567123456 |
| 654321765 | 67123456 |
| 65432176 | 67123456 |
| 65432176 | 7123456 |
| 6543217 | 7123456 |
| 6543217 | 123456 |
| 654321 | 123456 |
| 654321 | 23456 |
| 65432 | 23456 |
| 65432 | 3456 |
| 6543 | 3456 |
| 6543 | 456 |
| 654 | 456 |
| 654 | 56 |
| 65 | 6 |
| 65432176543 | 34567123456 |

**Top-right**

| | ∞ → |
|---|---|
| 34567123456 | 65432176543 |
| 34567123456 | 5432176543 |
| 3456712345 | 5432176543 |
| 3456712345 | 432176543 |
| 345671234 | 432176543 |
| 345671234 | 32176543 |
| 34567123 | 32176543 |
| 34567123 | 2176543 |
| 3456712 | 2176543 |
| 3456712 | 176543 |
| 345671 | 176543 |
| 345671 | 76543 |
| 34567 | 76543 |
| 34567 | 6543 |
| 3456 | 6543 |
| 3456 | 543 |
| 345 | 543 |
| 345 | 43 |
| 34 | 3 |
| 34567123456 | 65433176543 36 |

**Bottom-left**

| | ∞ → |
|---|---|
| 654321765434567123456 | |
| 6543217654 | 567123456 |
| 654321765 | 67123456 |
| 65432176 | 7123456 |
| 6543217 | 123456 |
| 654321 | 23456 |
| 65432 | 3456 |
| 6543 | 456 |
| 654 | 56 |
| 65 | 6 |
| 654 | 56 |
| 6543 | 456 |
| 65432 | 3456 |
| 654321 | 23456 |
| 6543217 | 123456 |
| 65432176 | 7123456 |
| 654321765 | 67123456 |
| 6543217654 | 567123456 |
| 654321765434567123456 | |

**Bottom-right**

| | ∞ → |
|---|---|
| 345671234565432176543 | |
| 3456712345 | 432176543 |
| 345671234 | 32176543 |
| 34567123 | 2176543 |
| 3456712 | 176543 |
| 345671 | 76543 |
| 34567 | 6543 |
| 3456 | 543 |
| 345 | 43 |
| 34 | 3 |
| 345 | 43 |
| 3456 | 543 |
| 34567 | 6543 |
| 345671 | 76543 |
| 3456712 | 176543 |
| 34567123 | 2176543 |
| 345671234 | 32176543 |
| 3456712345 | 432176543 |
| 345671234565432176543 | 36 |

## N° 2.

| 6543 | 321 | 176 | 6543 | 3456 | 671 | 123 | 3456 |
|---|---|---|---|---|---|---|---|
| 6543 | 321 | 176 | 6543 | 3456 | 671 | 123 | 3456 |
| 63 | 31 | 16 | 63 | 36 | 61 | 13 | 36 |
| 63 | 1 | 6 | 3 | 36 | 1 | 3 | 6 |

| 63163 | 36136 | 36136 | 63163 | 63163 | 6136 | 361363163 | |
|---|---|---|---|---|---|---|---|
| 63163 | 6136 | 36136 | 3163 | 6316 | 136 | 3613 | 463 |
| 6316 | 6136 | 3613 | 3163 | 631 | 36 | 361 | 63 |
| 6316 | 136 | 3613 | 463 | 63 | 6 | 36 | 3 |
| 631 | 136 | 361 | 463 | 631 | 36 | 361 | 63 |
| 631 | 36 | 361 | 63 | 6316 | 136 | 3613 | 463 |
| 63 | 6 | 36 | 3 | 631636136 | | 361363163 | 36 |
| 63163 | 36136 | 36136 | 63163 | 36 | | | |

| 63 | 36 | 31 | 13 | 16 | 61 | 63 | 36 | 63 | 61 | 16 | 13 | 31 | 36 |
|---|---|---|---|---|---|---|---|---|---|---|---|---|---|
| 63 | 3631 | | 1316 | | 6163 | | 36 | 6361 | | 1613 | | 3136 | |
| 63 | 36 | 1 | 13 | 6 | 61 | 3 | 36 | 63 | 1 | 16 | 3 | 31 | 6 |
| 63 | 6 | 1 | 3 | 6 | 1 | 3 | 36 | 3 | 1 | 6 | 3 | 1 | 6 |

## N° 3.

| 654 | 432 | 217 | 765 | 543 | 345 | 567 | 712 | 234 | 456 |
|---|---|---|---|---|---|---|---|---|---|
| 654 | 432 | 217 | 765 | 543 | 345 | 567 | 712 | 234 | 456 |
| 64 | 42 | 27 | 75 | 53 | 35 | 57 | 72 | 24 | 46 |
| 64 | 2 | 7 | 5 | 3 | 35 | 7 | 2 | 4 | 6 |

| 642753 | 357246 | 357246 | 642753 | 642753357246 | | 357246642753 | |
|---|---|---|---|---|---|---|---|
| 642753 | 57246 | 357246 | 42753 | 64275 | 7246 | 35724 | 2753 |
| 64275 | 57246 | 35724 | 42753 | 6427 | 246 | 3572 | 753 |
| 64275 | 7246 | 35724 | 2753 | 642 | 46 | 357 | 53 |
| 6427 | 7246 | 3572 | 2753 | 64 | 6 | 35 | 3 |
| 6427 | 246 | 3572 | 753 | 642 | 46 | 357 | 53 |
| 642 | 246 | 357 | 753 | 6427 | 246 | 3572 | 753 |
| 642 | 46 | 357 | 53 | 64275 | 7246 | 35724 | 2753 |
| 64 | 6 | 35 | 3 | 642753357246 | | 357246642753 | 36 |
| 642753 | 357246 | 357246 | 642753 | 36 | | | |

| | | | | | | | | | | | | | | | | | |
|---|---|---|---|---|---|---|---|---|---|---|---|---|---|---|---|---|---|
| 64 | 46 | 42 | 24 | 27 | 72 | 75 | 57 | 53 | 35 | 53 | 57 | 75 | 72 | 27 | 24 | 42 | 46 |
| 64 | 4642 | 2427 | 7275 | 5753 | | | | | 35 | 5357 | 7572 | 2724 | 4246 | | | | |
| 64 | 46 | 2 | 24 | 7 | 72 | 5 | 57 | 3 | 35 | 53 | 7 | 75 | 2 | 27 | 4 | 42 | 6 |
| 64 | 6 | 2 | 4 | 7 | 2 | 5 | 7 | 3 | 35 | 3 | 7 | 5 | 2 | 7 | 4 | 2 | 6 |

## CINQUIÈME SÉRIE D'EXERCICES.

### Étude des notes 613, 624, 573.

#### N° 1.

176 671232176 67123432176 671232176 6567123217656

#### N° 2.

| | | | | | | | | | | | |
|---|---|---|---|---|---|---|---|---|---|---|---|
| 61316 | 62426 | 61316 | 57375 | 61316 | 6 | 31613 | 42624 | 31613 | 37573 | 31613 | 6 |
| 6131 | 6242 | 6131 | 5737 | 6131 | 6 | 3161 | 4262 | 3161 | 3757 | 3161 | 6 |
| 6136 | 6246 | 6136 | 5735 | 6136 | 6 | 3163 | 4264 | 3163 | 3753 | 3163 | 6 |
| 6163 | 6264 | 6163 | 5753 | 6163 | 6 | 3136 | 4246 | 3136 | 3735 | 3136 | 6 |
| 6316 | 6426 | 6316 | 5375 | 6316 | 6 | 3613 | 4624 | 3613 | 3573 | 3613 | 6 |
| 6313 | 6424 | 6313 | 5373 | 6313 | 6 | 3616 | 4626 | 3616 | 3575 | 3616 | 6 |
| 6361 | 6462 | 6361 | 5357 | 6361 | 6 | 3631 | 4642 | 3631 | 3537 | 3631 | 6 |

## SIXIÈME SÉRIE D'EXERCICES.

### Étude des notes 361, 462, 357.

#### N° 1.

176, 67176543456, 671241765456, 67176543456, 65676543456.

#### N° 2.

| | | | | | | | | | | | |
|---|---|---|---|---|---|---|---|---|---|---|---|
| 61636 | 62646 | 61636 | 57535 | 61636 | 6 | 36163 | 46264 | 36163 | 35753 | 36163 | 6 |
| 6163 | 6264 | 6163 | 5753 | 6163 | 6 | 3616 | 4626 | 3616 | 3575 | 3616 | 6 |
| 6136 | 6246 | 6136 | 5735 | 6136 | 6 | 3613 | 4624 | 3613 | 3573 | 3613 | 6 |
| 6131 | 6242 | 6131 | 5737 | 6131 | 6 | 3631 | 4642 | 3631 | 3537 | 3631 | 6 |
| 6361 | 6462 | 6361 | 5357 | 6361 | 6 | 3163 | 4264 | 3163 | 3753 | 3163 | 6 |
| 6316 | 6426 | 6316 | 5375 | 6316 | 6 | 3161 | 4262 | 3161 | 3757 | 3161 | 6 |
| 6313 | 6424 | 6313 | 5373 | 6313 | 6 | 3136 | 4246 | 3136 | 3735 | 3136 | 6 |

## SEPTIÈME SÉRIE D'EXERCICES.

*Étude des notes* 631, 642, 537,

### N° 1.

176, 65432123456, 65432 3456, 65432123456, 654321 7123456.

### N° 2.

| | | | | | | | | | | | |
|---|---|---|---|---|---|---|---|---|---|---|---|
| 63136 | 64246 | 63136 | 53735 | 63136 | 6 | 36313 | 46424 | 36313 | 35373 | 36313 | 6 |
| 6313 | 6424 | 6313 | 5373 | 6313 | 6 | 3631 | 4642 | 3631 | 3537 | 3631 | 6 |
| 6316 | 6426 | 6316 | 5375 | 6316 | 6 | 3613 | 4624 | 3613 | 3573 | 3613 | 6 |
| 6361 | 6462 | 6361 | 5357 | 6361 | 6 | 3616 | 4626 | 3616 | 3575 | 3616 | 6 |
| 6136 | 6246 | 6136 | 5735 | 6136 | 6 | 3136 | 4246 | 3136 | 3735 | 3136 | 6 |
| 6131 | 6242 | 6131 | 5737 | 6131 | 6 | 3163 | 4264 | 3163 | 3753 | 3163 | 6 |
| 6163 | 6264 | 6163 | 5753 | 6163 | 6 | 3161 | 4262 | 3161 | 3757 | 3161 | 6 |

## HUITIÈME SÉRIE D'EXERCICES.

*Étude des notes* 613 614 572.

### N° 1.

| | | | | | | | | | | | |
|---|---|---|---|---|---|---|---|---|---|---|---|
| 61316 | 61416 | 61316 | 57275 | 61316 | 6 | 31613 | 41614 | 31613 | 27572 | 31613 | 6 |
| 6131 | 6141 | 6131 | 5727 | 6131 | 6 | 3161 | 4161 | 3161 | 2757 | 3161 | 6 |
| 6136 | 6146 | 6136 | 5725 | 6136 | 6 | 3163 | 4164 | 3163 | 2752 | 3163 | 6 |
| 6163 | 6164 | 6163 | 5752 | 6163 | 6 | 3136 | 4146 | 3136 | 2725 | 3136 | 6 |
| 6316 | 6416 | 6316 | 5275 | 6316 | 6 | 3613 | 4614 | 3613 | 2572 | 3613 | 6 |
| 6313 | 6414 | 6313 | 5272 | 6313 | 6 | 3616 | 4616 | 3616 | 2575 | 3616 | 6 |
| 6361 | 6461 | 6361 | 5257 | 6361 | 6 | 3631 | 4644 | 3631 | 2527 | 3631 | 6 |

*Étude des notes* 361, 461, 257,

### N° 2.

| | | | | | | | | | | | |
|---|---|---|---|---|---|---|---|---|---|---|---|
| 61636 | 61646 | 61636 | 57525 | 61636 | 6 | 36163 | 46164 | 36163 | 25752 | 36163 | 6 |
| 6163 | 6164 | 6163 | 5752 | 6163 | 6 | 3616 | 4616 | 3616 | 2575 | 3616 | 6 |
| 6136 | 6146 | 6136 | 5725 | 6136 | 6 | 3613 | 4614 | 3613 | 2572 | 3613 | 6 |
| 6131 | 6141 | 6131 | 5727 | 6131 | 6 | 3631 | 4641 | 3631 | 2527 | 3631 | 6 |
| 6361 | 6461 | 6361 | 5257 | 6361 | 6 | 3163 | 4164 | 3163 | 2752 | 3163 | 6 |
| 6316 | 6416 | 6316 | 5275 | 6316 | 6 | 3161 | 4161 | 3161 | 2757 | 3161 | 6 |
| 6313 | 6414 | 6313 | 5272 | 6313 | 6 | 3136 | 4146 | 3136 | 2725 | 3136 | 6 |

*Étude des notes 631 641 527.*

**N° 3.**

| | | | | | | | | | | | |
|---|---|---|---|---|---|---|---|---|---|---|---|
| 63136 | 64146 | 63136 | 52725 | 63136 | 6 | 36313 | 46414 | 36313 | 25272 | 36313 | 6 |
| 6313 | 6414 | 6313 | 5272 | 6313 | 6 | 3631 | 4641 | 3631 | 2527 | 3631 | 6 |
| 6316 | 6416 | 6316 | 5275 | 6316 | 6 | 3613 | 4614 | 3613 | 2572 | 3613 | 6 |
| 6361 | 6461 | 6361 | 5257 | 6361 | 6 | 3616 | 4616 | 3616 | 2575 | 3616 | 6 |
| 6136 | 6146 | 6136 | 5725 | 6136 | 6 | 3136 | 4146 | 3136 | 2725 | 3136 | 6 |
| 6131 | 6141 | 6131 | 5727 | 6131 | 6 | 3163 | 4164 | 3163 | 2752 | 3163 | 6 |
| 6163 | 6164 | 6163 | 5752 | 6163 | 6 | 3161 | 4161 | 3161 | 2757 | 3161 | 6 |

NEUVIÈME SÉRIE D'EXERCICES.

*Étude des notes 613, 724, 513.*

**N° 1.**

| | | | | | | | | | | | |
|---|---|---|---|---|---|---|---|---|---|---|---|
| 61316 | 72427 | 61316 | 51315 | 61316 | 6 | 31613 | 42724 | 31613 | 31513 | 31613 | 6 |
| 6131 | 7242 | 6131 | 5131 | 6131 | 6 | 3161 | 4272 | 3161 | 3151 | 3161 | 6 |
| 6136 | 7247 | 6136 | 5135 | 6136 | 6 | 3163 | 4274 | 3163 | 3153 | 3163 | 6 |
| 6163 | 7274 | 6163 | 5153 | 6163 | 6 | 3136 | 4247 | 3136 | 3135 | 3136 | 6 |
| 6316 | 7427 | 6316 | 5315 | 6316 | 6 | 3613 | 4724 | 3613 | 3513 | 3613 | 6 |
| 6313 | 7424 | 6313 | 5313 | 6313 | 6 | 3616 | 4727 | 3616 | 3515 | 3616 | 6 |
| 6361 | 7472 | 6361 | 5351 | 6361 | 6 | 3634 | 4742 | 3631 | 3531 | 3631 | 6 |

*Étude des notes 361, 472, 351.*

**N° 2.**

| | | | | | | | | | | | |
|---|---|---|---|---|---|---|---|---|---|---|---|
| 61636 | 72747 | 61636 | 51535 | 61636 | 6 | 36163 | 47274 | 36163 | 35153 | 36163 | 6 |
| 6163 | 7274 | 6163 | 5153 | 6163 | 6 | 3616 | 4727 | 3616 | 3515 | 3616 | 6 |
| 6136 | 7247 | 6136 | 5135 | 6136 | 6 | 3613 | 4724 | 3613 | 3513 | 3613 | 6 |
| 6131 | 7242 | 6131 | 5131 | 6131 | 6 | 3631 | 4742 | 3631 | 3531 | 3631 | 6 |
| 6361 | 7472 | 6361 | 5351 | 6361 | 6 | 3163 | 4274 | 3163 | 3153 | 3163 | 6 |
| 6316 | 7427 | 6316 | 5315 | 6316 | 6 | 3161 | 4272 | 3161 | 3151 | 3161 | 6 |
| 6313 | 7424 | 6313 | 5313 | 6313 | 6 | 3136 | 4247 | 3136 | 3135 | 3136 | 6 |

*Étude des notes* 631, 742, 531.

## N° 3.

| 63136 | 74247 | 63136 | 53135 | 63136 | 6 | 36313 | 47424 | 36313 | 35313 | 36313 | 6 |
|---|---|---|---|---|---|---|---|---|---|---|---|
| 6313 | 7424 | 6313 | 5313 | 6313 | 6 | 3631 | 4742 | 3631 | 3531 | 3631 | 6 |
| 6316 | 7427 | 6316 | 5315 | 6316 | 6 | 3613 | 4724 | 3613 | 3513 | 3613 | 6 |
| 6361 | 7472 | 6361 | 5351 | 6361 | 6 | 3616 | 4727 | 3616 | 3515 | 3616 | 6 |
| 6136 | 7247 | 6136 | 5135 | 6136 | 6 | 3136 | 4247 | 3136 | 3135 | 3136 | 6 |
| 6131 | 7242 | 6131 | 5131 | 6131 | 6 | 3163 | 4274 | 3163 | 3153 | 3163 | 6 |
| 6163 | 7274 | 6163 | 5153 | 6163 | 6 | 3161 | 4272 | 3161 | 3151 | 3161 | 6 |

### DIXIÈME SÉRIE D'EXERCICES.

*Étude des notes* 613, 6724, 5723.

## N° 1.

| 61316 | 6724276 | 61316 | 5723275 | 61316 | 6 |
|---|---|---|---|---|---|
| 31613 | 4276724 | 31613 | 3275723 | 31613 | 6 |
| 61636 | 6727646 | 61636 | 5727535 | 61636 | 6 |
| 36163 | 4672764 | 36163 | 3572753 | 36163 | 6 |
| 6136316 | 7246427 | 6136316 | 7235327 | 6136316 | 6 |
| 6316136 | 6427246 | 6316136 | 5327235 | 6316136 | 6 |
| 63136 | 7642467 | 63136 | 7532357 | 63136 | 6 |
| 36313 | 4676424 | 36313 | 3575323 | 36313 | 6 |

*Étude des notes* 613, 6124, 5724.

## N° 2.

| 61316 | 6124216 | 61316 | 5724275 | 61316 | 6 |
|---|---|---|---|---|---|
| 31613 | 4216124 | 31613 | 4275724 | 31613 | 6 |
| 61636 | 6121646 | 61636 | 5727545 | 61636 | 6 |
| 36163 | 4612164 | 36163 | 4572754 | 36163 | 6 |
| 6136316 | 6124216 | 6136316 | 7245427 | 6136316 | 6 |
| 6316136 | 4216124 | 6316136 | 5427245 | 6316136 | 6 |
| 63136 | 6421246 | 63136 | 7542457 | 63136 | 6 |
| 36313 | 2464242 | 36313 | 4375424 | 36313 | 6 |

*Étude des notes 613, 4613, 5713.*

## N° 3.

| | | | | | |
|---|---|---|---|---|---|
| 61316 | 4613164 | 61316 | 5713175 | 61316 | 6 |
| 31613 | 3164613 | 31613 | 3175713 | 31613 | 6 |
| 61636 | 4616434 | 61636 | 5717535 | 61636 | 6 |
| 36163 | 3461643 | 36163 | 3571753 | 36163 | 6 |
| 6136316 | 6134316 | 6136316 | 7135317 | 6136316 | 6 |
| 6316136 | 4316134 | 6316136 | 5317135 | 6316136 | 6 |
| 63136 | 6431346 | 63136 | 7531357 | 63136 | 6 |
| 36343 | 3464343 | 36343 | 3575343 | 36343 | 6 |

ONZIÈME SÉRIE D'EXERCICES.

*Étude des gammes harmoniques pour l'étendue de la voix humaine.*

## N 1.

| 6 | 7 | 1 | 2 | 3 | 4 | 5 | 6 | |
|---|---|---|---|---|---|---|---|---|
| 61316 | 73537 | 13631 | 24642 | 36163 | 46264 | 57375 | 61316 | 6 |
| 6131 | 7353 | 1363 | 2464 | 3616 | 4626 | 5737 | 6131 | 6 |
| 6136 | 7357 | 1361 | 2462 | 3613 | 4624 | 5735 | 6136 | 6 |
| 6163 | 7375 | 1316 | 2426 | 3631 | 4642 | 5753 | 6163 | 6 |
| 6316 | 7537 | 1631 | 2642 | 3163 | 4264 | 5375 | 6316 | 6 |
| 6313 | 7535 | 1636 | 2646 | 3161 | 4262 | 5373 | 6313 | 6 |
| 6361 | 7573 | 1613 | 2624 | 3136 | 4246 | 5357 | 6361 | 6 |

| 6 | 5 | 4 | 3 | 2 | 1 | 7 | 6 | |
|---|---|---|---|---|---|---|---|---|
| 61316 | 57375 | 46264 | 36163 | 24642 | 13631 | 73537 | 61316 | 6 |
| 6131 | 5737 | 4626 | 3616 | 2464 | 1363 | 7353 | 6131 | 6 |
| 6136 | 5735 | 4624 | 3613 | 2462 | 1361 | 7357 | 6136 | 6 |
| 6163 | 5753 | 4642 | 3631 | 2426 | 1316 | 7375 | 6163 | 6 |
| 6316 | 5375 | 4264 | 3163 | 2642 | 1631 | 7537 | 6316 | 6 |
| 6313 | 5373 | 4262 | 3161 | 2646 | 1636 | 7535 | 6313 | 6 |
| 6361 | 5357 | 4246 | 3136 | 2624 | 1613 | 7573 | 6361 | 6 |

## N° 1 bis

| | | | | | | | | |
|---|---|---|---|---|---|---|---|---|
| 31613 | 53735 | 63136 | 64246 | 16361 | 26462 | 37573 | 31613 | 6 |
| 3161 | 5373 | 6313 | 6424 | 1636 | 2646 | 3757 | 3161 | 6 |
| 3163 | 5375 | 6316 | 6426 | 1631 | 2642 | 3753 | 3163 | 6 |
| 3136 | 5357 | 6361 | 6462 | 1613 | 2624 | 3735 | 3136 | 6 |
| 3613 | 5735 | 6136 | 6246 | 1361 | 2462 | 3573 | 3613 | 6 |
| 3616 | 5737 | 6131 | 6242 | 1363 | 2464 | 3575 | 3616 | 6 |
| 3631 | 5753 | 6163 | 6264 | 1316 | 2426 | 3537 | 3631 | 6 |

| | | | | | | | | |
|---|---|---|---|---|---|---|---|---|
| 31613 | 37573 | 26462 | 16361 | 64246 | 63136 | 53735 | 31613 | 6 |
| 3161 | 3757 | 2646 | 1636 | 6424 | 6313 | 5373 | 3161 | 6 |
| 3163 | 3753 | 2642 | 1631 | 6426 | 6316 | 5375 | 3163 | 6 |
| 3136 | 3735 | 2624 | 1613 | 6462 | 6361 | 5357 | 3136 | 6 |
| 3613 | 3573 | 2462 | 1361 | 6246 | 6136 | 5735 | 3613 | 6 |
| 3616 | 3575 | 2464 | 1363 | 6242 | 6131 | 5737 | 3616 | 6 |
| 3631 | 3537 | 2426 | 1316 | 6264 | 6163 | 5753 | 3631 | 6 |

## N° 2.

| | | | | | | | | |
|---|---|---|---|---|---|---|---|---|
| 63136 | 75357 | 16361 | 26462 | 31613 | 42624 | 53735 | 63136 | 6 |
| 6313 | 7535 | 1636 | 2646 | 3161 | 4262 | 5373 | 6313 | 6 |
| 6316 | 7537 | 1631 | 2642 | 3163 | 4264 | 5375 | 6316 | 6 |
| 6361 | 7573 | 1613 | 2624 | 3136 | 4246 | 5357 | 6361 | 6 |
| 6136 | 7357 | 1361 | 2462 | 3613 | 4624 | 5735 | 6136 | 6 |
| 6131 | 7353 | 1363 | 2464 | 3616 | 4626 | 5737 | 6131 | 6 |
| 6163 | 7375 | 1316 | 2426 | 3631 | 4642 | 5753 | 6163 | 6 |

| | | | | | | | | |
|---|---|---|---|---|---|---|---|---|
| 63136 | 53735 | 42624 | 31613 | 26462 | 16361 | 75357 | 63136 | 6 |
| 6313 | 5373 | 4262 | 3161 | 2646 | 1636 | 7535 | 6313 | 6 |
| 6316 | 5375 | 4264 | 3163 | 2642 | 1631 | 7537 | 6316 | 6 |
| 6361 | 5357 | 4246 | 3136 | 2624 | 1613 | 7573 | 6361 | 6 |
| 6136 | 5735 | 4624 | 3613 | 2462 | 1361 | 7357 | 6136 | 6 |
| 6131 | 5737 | 4626 | 3616 | 2464 | 1363 | 7353 | 6131 | 6 |
| 6163 | 5753 | 4642 | 3631 | 2426 | 1316 | 7375 | 6163 | 6 |

**N° 2 bis.**

| | | | | | | | | |
|---|---|---|---|---|---|---|---|---|
| 36313 | 57535 | 61636 | 62646 | 13161 | 24262 | 35373 | 36313 | 6 |
| 3631 | 5753 | 6163 | 6264 | 1316 | 2426 | 3537 | 3631 | 6 |
| 3613 | 5735 | 6136 | 6246 | 1361 | 2462 | 3573 | 3613 | 6 |
| 3616 | 5737 | 6131 | 6242 | 1363 | 2464 | 3575 | 3616 | 6 |
| 3136 | 5357 | 6361 | 6462 | 1613 | 2624 | 3735 | 3136 | 6 |
| 3163 | 5375 | 6316 | 6426 | 1631 | 2642 | 3753 | 3163 | 6 |
| 3161 | 5373 | 6313 | 6424 | 1636 | 2646 | 3757 | 3161 | 6 |

| | | | | | | | | |
|---|---|---|---|---|---|---|---|---|
| 36313 | 35373 | 24262 | 13161 | 62646 | 61636 | 57535 | 36313 | 6 |
| 3631 | 3537 | 2426 | 1316 | 6264 | 6163 | 5753 | 3631 | 6 |
| 3613 | 3573 | 2462 | 1361 | 6246 | 6136 | 5735 | 3613 | 6 |
| 3616 | 3575 | 2464 | 1363 | 6242 | 6131 | 5737 | 3616 | 6 |
| 3136 | 3735 | 2624 | 1613 | 6462 | 6361 | 5357 | 3136 | 6 |
| 3163 | 3753 | 2642 | 1631 | 6426 | 6316 | 5375 | 3163 | 6 |
| 3161 | 3757 | 2646 | 1636 | 6424 | 6313 | 5373 | 3161 | 6 |

DOUZIÈME SÉRIE D'EXERCICES.

*Étude des marches harmoniques pour l'étendue de la voix humaine.*

| 63 | 76 | 17 | 21 | 32 | 43 | 54 | 6 | 64 | 53 | 42 | 31 | 27 | 16 | 75 | 6 |
|---|---|---|---|---|---|---|---|---|---|---|---|---|---|---|---|
| 64 | 75 | 16 | 27 | 31 | 42 | 53 | 6 | 63 | 52 | 41 | 37 | 26 | 15 | 74 | 6 |
| 63 | 74 | 15 | 26 | 37 | 41 | 52 | 6 | 62 | 51 | 47 | 36 | 25 | 14 | 73 | 6 |
| 62 | 73 | 14 | 25 | 36 | 47 | 51 | 6 | 61 | 57 | 46 | 35 | 24 | 13 | 72 | 6 |
| 61 | 72 | 13 | 24 | 35 | 46 | 57 | 6 | 67 | 56 | 45 | 34 | 23 | 12 | 71 | 6 |
| 67 | 71 | 12 | 23 | 34 | 45 | 56 | 6 | 66 | 55 | 44 | 33 | 22 | 11 | 77 | 6 |
| 66 | 77 | 11 | 22 | 33 | 44 | 55 | 6 | 65 | 54 | 43 | 32 | 21 | 17 | 76 | 6 |

# TROISIÈME CLASSE

*Étude des* DIÈSES *et des* BÉMOLS (MODULATIONS).

### DÉFINITION GÉNÉRALE DU DIÈSE.

LE DIÈSE *produit avec le son supérieur* le même air que le SI avec l'UT.

### COMMENT SE MARQUE LE DIÈSE.

Le dièse, qui indique un son plus aigu que celui qu'il doit remplacer, se marque sur la note par un trait oblique tourné dans le même sens que l'*accent aigu*, ainsi : 1234567.

### COMMENT ON NOMME LES DIÈSES.

| 1 | 2 | 3 | 4 | 5 | 6 | 7 |
|---|---|---|---|---|---|---|
| TÈ | NÈ | MÈ | FÈ | JÈ | LÈ | SÈ |
| Il remplace | Il remplace | Il remplace | Il remplace | Il remplace | Il remplace | Il remplace |
| UT | RÉ | MI | FA | SOL | LA | SI |

On voit que chacun des *noms dièses* se compose d'une *articulation* à laquelle on ajoute la *finale* È ( vérifiez ).

Ces articulations sont les mêmes que celles des notes non diésées. Excepté pour le sol , dont l'articulation S , se retrouvant dans le si , a dû être remplacée par J (vérifiez).

COMMENT ON APPREND A FAIRE LES DIÈSES.

Puisqne (d'après la définition générale du dièse, donnée ci-dessus) *le dièse doit produire avec le son supérieur, le même air que le si avec l'UT,*

|  |  | RÉ TÈ RÉ. |  |
|---|---|---|---|
| Il faut, pour s'habituer à faire les dièses, *chanter l'air UT, SI, UT, en y adaptant successivement les syllabes* | | 2 1 2 | |
| | | MI RÈ MI.<br>3 2 3 | |
| | | SOL FÈ SOL<br>5 4 5 | Comme on chante, sur le même air, les différents couplets d'une chanson. |
| | | LA JÈ LA<br>6 5 6 | |
| | | SI LÈ SI<br>7 6 7 | |
| | | FÈ MÈ FÈ.<br>4 3 4 | |
| | | TÈ SÈ TÈ.<br>1 7 1 | |

---

### PREMIÈRE SÉRIE D'EXERCICES SUR LES DIÉSES.

COMMENT ON DOIT ÉTUDIER LES EXERCICES CI-DESSOUS.

Il faut, pour chaque ligne, répéter plusieurs fois l'air UT, SI, UT, en s'écoutant attentivement, afin d'appliquer exactement le même air aux autres syllabes que l'on répétera aussi plusieurs fois de suite, afin de retenir l'effet qu'elles produisent. Recommencez cet exercice jusqu'à ce que vous vous soyez rendu assez maître des dièses pour les produire, au moyen de la note supérieure, sans avoir besoin de chanter UT, SI, UT, pour vous guider.

| | | |
|---|---|---|
| 1° Chantez 171 | | RÉ TÈ RÉ 212 |
| 2° Chantez 171 | | MI RÈ MI 323 |
| 3° Chantez 171 | | SOL FÈ SOL 545 |
| 4° Chantez 171 | Chantez ensuite sur le même air, c'est-à-dire, avec les mêmes sons, les syllabes : | LA JÈ LA 656 |
| 5° Chantez 171 | | SI LÈ SI 767 |
| 6° Chantez 171 | | FÈ MÈ FÈ 434 |
| 7° Chantez 171 | | TÈ SÈ TÈ 171 |

DÉFINITION GÉNÉRALE DU BÉMOL.

LE BÉMOL *produit avec le son inférieur* le même air que le FA avec le MI.

COMMENT SE MARQUE LE BÉMOL.

Le bémol , qui indique un son plus grave que celui qu'il doit remplacer, se marque sur la note par un trait oblique tourné dans le même sens que l'*accent grave*, ainsi : 1 2 3 4 5 6 7.

COMMENT ON NOMME LES BÉMOLS.

| 1 | 2 | 3 | 4 | 5 | 6 | 7 |
|---|---|---|---|---|---|---|
| TEU | REU | MEU | FEU | JEU | LEU | SEU |
| Il remplace | Il remplace | Il remplace | Il remplace | Il remplace | Il remplace | Il remplace |
| UT | RÉ | MI | FA | SOL | LA | SI |

On voit que chacun des *noms bémols* se compose d'une *articulation* à laquelle on ajoute la *finale* EU ( vérifiez ).

Ces articulations sont les mêmes que celles des notes non bémolisées ; excepté pour le sol , dont l'articulation S, se retrouvant dans le SI , a dû être remplacée par J (vérifiez).

COMMENT ON APPREND A FAIRE LES BÉMOLS.

Puisque (d'après la définition générale du bémol donnée ci-dessus) *le bémol doit produire avec le son inférieur*, le même air que le FA avec le MI ,

Il faut, pour s'habituer à faire les bémols, *chanter l'air* MI, FA, MI, *en y adaptant successivement les syllabes*

| UT | REU | UT. |
|---|---|---|
| 1 | 2 | 1 |
| RÉ | MEU | RÉ. |
| 2 | 3 | 2 |
| FA | JEU | FA. |
| 4 | 5 | 4 |
| SOL | LEU | SOL |
| 5 | 6 | 5 |
| LA | SEU | LA. |
| 6 | 7 | 6 |
| SEU | TEU | SEU. |
| 7 | 1 | 7 |
| MEU | FEU | MEU |
| 3 | 4 | 3 |

Comme on chante , sur le même air , les différents couplets d'une chanson.

## PREMIÈRE SÉRIE D'EXERCICES SUR LES BÉMOLS.

### COMMENT ON DOIT ÉTUDIER LES EXERCICES CI-DESSOUS.

Il faut, pour chaque ligne, répéter plusieurs fois l'air MI, FA, MI, en s'écoutant attentivement pour appliquer exactement le même air aux autres syllabes, que l'on répétera aussi plusieurs fois de suite, afin de retenir l'effet qu'elles produisent. Recommencez cet exercice jusqu'à ce que vous vous soyez rendu assez maître des bémols pour les produire, au moyen de la note inférieure, sans avoir besoin de chanter MI, FA, MI, pour vous guider.

<table>
<tr><td>1° Chantez 343</td><td rowspan="7">Chantez ensuite sur le même air, c'est-à-dire, avec les mêmes sons, les syllabes :</td><td>UT REU UT 121</td></tr>
<tr><td>2° Chantez 343</td><td>RÉ MEU RÉ 232</td></tr>
<tr><td>3° Chantez 343</td><td>FA JEU FA 454</td></tr>
<tr><td>4° Chantez 343</td><td>SOL LEU SOL 565</td></tr>
<tr><td>5° Chantez 343</td><td>LA SEU LA 676</td></tr>
<tr><td>6° Chantez 343</td><td>SEU TEU SEU 717</td></tr>
<tr><td>7° Chantez 343</td><td>MEU FEU MEU 343</td></tr>
</table>

## DEUXIÈME SÉRIE D'EXERCICES.

*Étude des DIÈSES et des BÉMOLS en montant et en descendant la gamme.*

### PREMIER GROUPE.

#### DIÈSES.

```
12 212                          | 171
12   3 323                      | 1 7 767
12   3   4 434                  | 1 7   6 656
12   3   4   5 545              | 1 7   6   5 545
12   3   4   5   6 656          | 1 7   6   5   4 434
12   3   4   5   6   7 767      | 1 7   6   5   4   3 323
12   3   4   5   6   7  1 171   | 1 7   6   5   4   3   2 212 21

1 212                           | 176
1 2 323                         | 1   767
1 2 3 434                       | 1 7 656
1 2 3 4 545                     | 1 7 6 545
1 2 3 4 5 656                   | 1 7 6 5 434
1 2 3 4 5 6 767                 | 1 7 6 5 4 323
1 2 3 4 5 6 7 171               | 1 7 6 5 4 3 212 1

1  212 323 434 545 656 767 1    | 1  767 656 545 434 323 212 1
```

## DEUXIÈME GROUPE.

### BÉMOLS.

```
121                                    17 717
1 2 232                                17    6 676
1 2   3 343                            17    6   5 565
1 2   3   4 454                        17    6   5   4 454
1 2   3   4   5 565                    17    6   5   4   3 343
1 2   3   4   5   6 676                17    6   5   4   3   2 232
1 2   3   4   5   6   7 717 71         17    6   5   4   3   2   1 121

121                                    1 717
1   232                                1 7 676
1   2 343                              1 7 6 565
1   2   3 454                          1 7 6 5 454
1   2   3   4 565                      1 7 6 5 4 343
1   2   3   4   5 676                  1 7 6 5 4 3 232
1   2   3   4   5   6 717 1            1 7 6 5 4 3 2 121
```

```
121 232 343 454 565 676 717 1 | 1 717 676 565 454 343 232 121
```

## TROISIÈME GROUPE.

### DIÈSES et BÉMOLS alternativement

```
121                                    17 1
1 2 212                                17 717
1 2 232                                17 767
1 2   3 323                            17 7 6 676
1 2   3 343                            17   6 656
1 2   3   4 434                        17   6   5 565
1 2   3   4 454                        17   6   5 545
1 2   3   4   5 545                    17   6   5   4 454
1 2   3   4   5 565                    17   6   5   4 434
1 2   3   4   5   6 656                17   6   5   4   3 343
1 2   3   4   5   6 676                17   6   5   4   3 323
1 2   3   4   5   6   7 767            17   6   5   4   3   2 232
1 2   3   4   5   6   7 717            17   6   5   4   3   2 212
1 2   3   4   5   6   7   1 171        17   6   5   4   3   2   1 121
```

```
1 2 1                          | 1 7 1
1 2 1 2                        | 1   7 1 7
1 2 3 2                        | 1   7 6 7
1 2   3 2 3                    | 1   7   6 7 6
1 2   3 4 3                    | 1   7   6 5 6
1 2 3   4 3 4                  | 1   7   6   5 6 5
1 2 3   4 5 4                  | 1   7   6   5 4 5
1 2 3 4   5 4 5                | 1   7   6   5   4 5 4
1 2 3 4   5 6 5                | 1   7   6   5   4 3 4
1 2 3 4 5   6 5 6              | 1   7   6   5   4   3 4 3
1 2 3 4 5   6 7 6              | 1   7   6   5   4   3 2 3
1 2 3 4 5 6   7 6 7            | 1   7   6   5   4   3   2 3 2
1 2 3 4 5 6   7 1 7            | 1   7   6   5   4   3   2 1 2
1 2 3 4 5 6 7   1 7 1          | 1   7   6   5   4   3   2   1 2 1
```

```
121   21232   32343   43454   54565   65676   767   1

1767   67656   56545   45434   34323   23212   121
```

## TROISIÈME SÉRIE D'EXERCICES.

| ÉTUDE DU FA DIÉSE. | ÉTUDE DU SI BÉMOL. |
|---|---|
| PREMIER GROUPE. | PREMIER GROUPE. |
| FA DIÈSE accidentel (1) pris EN DESCENDANT. | SI BÉMOL accidentel pris EN MONTANT. |

```
176                |             135
65 545 | 545 56    |             56 676 | 676 65
6  545 | 545 6     |             5  676 | 676 5
6   45 | 54  6 67171|            5   76 | 67  5 53171

17 765             |             1234 456
75 545 | 545 57    |             46 676 | 676 64
7  545 | 545 7     |             4  676 | 676 4
7   45 | 54  7 7171 |            4   76 | 67  4 432171
```

(1) *Voir* la signification de ce mot dans la partie théorique.

171 1765
15   545 | 545 51
1    545 | 545 1
1    45  | 54  1 171

12 21765
25   545 | 545 52
2    545 | 545 2
2    45  | 54  2 232171

123 345
35   545 | 545 53
3    545 | 545 3
3    45  | 54  3 32171

1234 4345
45   545 | 545 54
4    545 | 545 4
4    45  | 54  4 432171

### DEUXIÈME GROUPE.

FA DIÈSE accidentel pris EN MONTANT.

123
343  35 545 | 545 53 343
343     545 545    343
34      45 54     43 32171

123 345
35   545 | 545 53
3    545 | 545 3
3    45  | 54  3 32171

123 3456
36   676 | 676 63
3    676 | 676 3
3    76  | 67  3 32171

12 23456
26   676 | 676 62
2    676 | 676 2
2    76  | 67  2 232171

171 123456
16   676 | 676 61
1    676 | 676 1
1    76  | 67  1 171

17 7136
76   676 | 676 67
7    676 | 676 7
7    76  | 67  7 7171

### DEUXIÈME GROUPE.

SI BÉMOL accidentel pris EN DESCENDANT.

171
171  16 676 | 676 61 171
171     676 | 676    171
17      76  | 67     71 171

171 176
16   676 | 676 61
1    676 | 676 1
1    76  | 67  1 171

```
12  2345
25   545 | 545  52
 2   545 | 545   2
 2    45 | 54    2  232171


171  12345
15    545 | 545  51
 1    545 | 545   1
 1     45 | 54    1  171


17  7135
75   545 | 545  57
 7   545 | 545   7
 7    45 | 54    7  7171


176  67135
65    545 | 545  56
 6    545 | 545   6
 6     45 | 54    6  67171


1765  5135
55     545 | 545  55
 5     545 | 545   5
 5      45 | 54    5  567171


1534  435135
45     545 | 545  54
 4     545 | 545   4
 4      45 | 54    4  435171
```

```
12  2176
26   676 | 676  62
 2   676 | 676   2
 2    76 | 67    2  232171


13  316
36   676 | 676  63
 3   676 | 676   3
 3    76 | 67    3  32171


1234  4316
46     676 | 676  64
 4     676 | 676   4
 4      76 | 67    4  432171


135  5316
56    676 | 676  65
 5    676 | 676   5
 5     76 | 67    5  5432171


1356  65316
66     676 | 676  66
 6     676 | 676   6
 6      76 | 67    6  653171


13517  715316
76      676 | 676  67
 7      676 | 676   7
 7       76 | 67    7  71531
```

## TROISIÈME GROUPE.

### FA DIÈSE et SI BÉMOL accidentels.

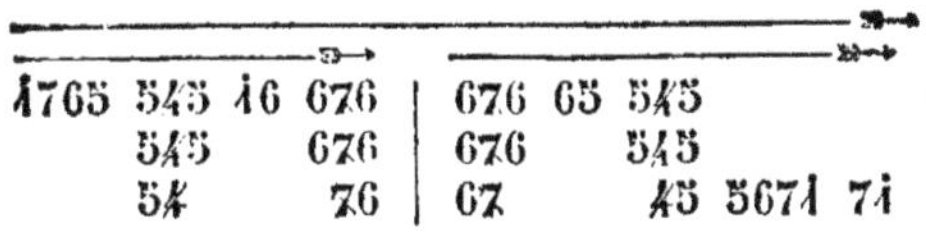

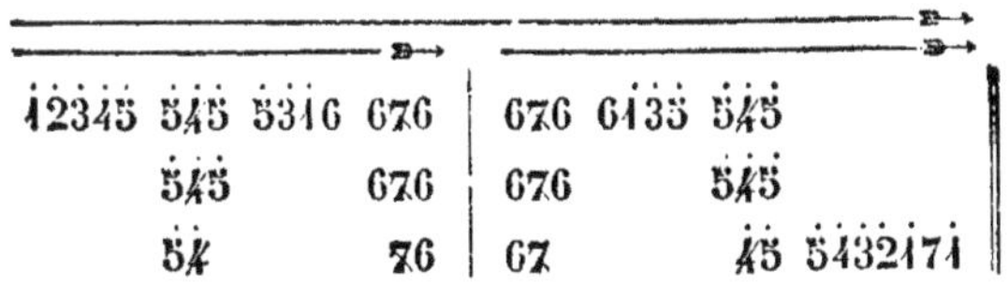

```
1765  545  16  676  |  676  65  545
      545      676  |  676      545
       54       76  |  67       45  5671  71

12345  545  5316  676  |  676  6135  545
       545        676  |  676        545
        54         76  |  67         45  5432171
```

<table>
<tr><td width="50%">

### QUATRIÈME GROUPE.

**FA DIÈSE fondamental (1) PAR DEGRÉS CONJOINTS.**

*Étude de* 23456 65432.

Première partie de la gamme de RÉ, MODE MAJEUR;
Accompagnée de celle de RÉ, MODE MINEUR.

#### COMMENT ON DOIT FAIRE CETTE ÉTUDE.

1° Chantez plusieurs fois de suite, en vous écoutant avec soin, les notes 12345 54321.

2° Chantez ensuite, en vous écoutant encore avec soin, les notes 23456 65432 sur l'air 12345 54321. Répétez cet exercice jusqu'à ce que vous vous soyez rendu maître de l'air 23456 65432, au point de le reproduire très-fidèlement sans avoir besoin de chanter 12345 54321 pour vous guider.

</td><td width="50%">

### QUATRIÈME GROUPE.

**SI BÉMOL fondamental PAR DEGRÉS CONJOINTS.**

*Étude de* 56712 21765.

Première partie de la gamme de SOL, MODE MINEUR;
Accompagnée de celle de SOL, MODE MAJEUR.

#### COMMENT ON DOIT FAIRE CETTE ÉTUDE.

1° Chantez plusieurs fois de suite, en vous écoutant avec soin, les notes 67123 32176.

2° Chantez ensuite, en vous écoutant encore avec soin, les notes 56712 21765, sur l'air 67123 32176. Répétez cet exercice jusqu'à ce que vous vous soyez rendu maître de l'air 56712 21765, au point de pouvoir le reproduire fidèlement sans avoir besoin de chanter 67123 32176 pour vous guider.

</td></tr>
</table>

---

(1) *Voir* la signification de ce mot dans la partie théorique, page 284.

OBSERVATION. Dorénavant, nous supprimerons toute explication du genre de celle qui précède, et nous nous bornerons à écrire le mot MODÈLE au-dessus des parties de la GAMME D'UT, MODE MAJEUR, et de la GAMME DE LA, MODE MINEUR, qui devront servir de patron aux parties des différentes gammes que l'on devra étudier. Il faudra toujours suivre pour cette étude, les instructions que nous venons de donner immédiatement avant cette observation. IL IMPORTE DONC DE S'EN BIEN PÉNÉTRER.

### MODÈLES.

12345 54321 51 | 67123 32176 36

| Mode majeur. | | Mode mineur. | |
|---|---|---|---|
| 23456 | 65432 | 23456 | 65432 |
| 23456 | 5432 | 23456 | 5432 |
| 2345 | 5432 | 2345 | 5432 |
| 2345 | 432 | 2345 | 432 |
| 234 | 432 | 234 | 432 |
| 234 | 32 | 234 | 32 |
| 23 | 2 | 23 | 2 |
| 23456 | 65432 62 | 23456 | 65432 62 |

*Étude de 34567 76543.*

Première partie de la gamme de MI, MODE MINEUR.

#### MODÈLE.

67123 32176 36

| 34567 | 76543 | 76543 | 34567 |
|---|---|---|---|
| 34567 | 6543 | 76543 | 4567 |
| 3456 | 6543 | 7654 | 4567 |
| 3456 | 543 | 7654 | 567 |
| 345 | 543 | 765 | 567 |
| 345 | 43 | 765 | 67 |
| 34 | 3 | 76 | 7 |
| 34567 | 76543 73 | 76543 | 34567 3 |

### MODÈLES.

67123 32176 36 | 12345 54321 51

| Mode mineur. | | Mode majeur. | |
|---|---|---|---|
| 56712 | 21765 | 56712 | 21765 |
| 56712 | 1765 | 56712 | 1765 |
| 5671 | 1765 | 5671 | 1765 |
| 5671 | 765 | 5671 | 765 |
| 567 | 765 | 567 | 765 |
| 567 | 65 | 567 | 65 |
| 56 | 5 | 56 | 5 |
| 56712 | 21765 25 | 56712 | 21765 25 |

*Étude de 45671 17654.*

Première partie de la gamme de FA, MODE MAJEUR.

#### MODÈLE.

12345 54321 51

| 45671 | 17654 | 17654 | 45671 |
|---|---|---|---|
| 45671 | 7654 | 17654 | 5671 |
| 4567 | 7654 | 1765 | 5671 |
| 4567 | 654 | 1765 | 671 |
| 456 | 654 | 176 | 671 |
| 456 | 54 | 176 | 71 |
| 45 | 4 | 17 | 1 |
| 45671 | 17654 14 | 17654 | 45671 4 |

## *Étude de 5432 2345.*

Deuxième partie de la gamme de SOL MODE MAJEUR.

MODÈLE.

1765 5671 51

| | |
|---|---|
| 5432 2345 | 2345 5432 |
| 5432 345 | 2345 432 |
| 543 345 | 234 432 |
| 543 45 | 234 32 |
| 54 5 | 23 2 |
| 5432 2345 25 | 2345 5432 5 |

### CINQUIÈME GROUPE.

FA DIÈSE fondamental par DEGRÉS DISJOINTS.

## *Étude de 2462 2642.*

Accord de quinte de tonique de RÉ, MODE MAJEUR; Accompagné de celui de RÉ, MODE MINEUR.

MODÈLES.

1351 1531 51    6136 6316 36

Mode majeur.    Mode mineur.

| | |
|---|---|
| 2462 2642 | 2462 2642 |
| 2462 642 | 2462 642 |
| 246 642 | 246 642 |
| 246 42 | 246 42 |
| 24 2 | 24 2 |
| 2462 2642 62 | 2462 2642 62 |

## *Étude de 2461 1642.*

Accord de septième de dominante de SOL | MODE MAJEUR. MODE MINEUR.

MODÈLE.

5724 4275 1

| | |
|---|---|
| 2461 1642 | 1642 2461 |
| 2461 642 | 1642 461 |
| 246 642 | 164 461 |
| 246 42 | 164 61 |
| 24 2 | 16 1 |
| 2461 1642 5 | 1642 2461 6425 |

## *Étude de 7654 4567.*

Deuxième partie de la gamme de SI BÉMOL, MODE MAJEUR.

MODÈLE.

1765 5671 51

| | |
|---|---|
| 7654 4567 | 4567 7654 |
| 7654 567 | 4567 654 |
| 765 567 | 456 654 |
| 765 67 | 456 54 |
| 76 7 | 45 4 |
| 7654 4567 47 | 4567 7654 7 |

### CINQUIÈME GROUPE.

SI BÉMOL fondamental par DEGRÉS DISJOINTS.

## *Étude de 5725 5275.*

Accord de quinte de tonique de SOL, MODE MINEUR; Accompagné de celui de SOL, MODE MAJEUR.

MODÈLES.

6136 6316 36    1351 1531 51

Mode mineur.    Mode majeur.

| | |
|---|---|
| 5725 5275 | 5725 5275 |
| 5725 275 | 5725 275 |
| 572 275 | 572 275 |
| 572 75 | 572 75 |
| 57 5 | 57 5 |
| 5725 5275 25 | 5725 5275 25 |

## *Étude de 1357 7531.*

Accord de septième de dominante de FA | MODE MAJEUR. MODE MINEUR.

MODÈLE.

5724 4275 1

| | |
|---|---|
| 1357 7531 | 7531 1357 |
| 1357 531 | 7531 357 |
| 135 531 | 753 357 |
| 135 31 | 753 57 |
| 13 1 | 75 7 |
| 1357 7531 4 | 7531 135753 14 |

## Étude de 7247 7427.

Accord de quinte de tonique de si, MODE MINEUR.

MODÈLE.

6136 6316 36

```
7247 7427  | 7427 7247
7247  427  | 7427  247
724   427  | 742   247
724    27  | 742    47
72      7  | 74      7
7247 742747| 7427 724742747
```

## Étude de 7247 7427.

Accord de quinte de tonique de si bémol, MODE MAJEUR.

MODÈLE.

1351 1531 51

```
7247 7427    | 7427 7247
7247  427    | 7427  247
724   427    | 742   247
724    27    | 742    47
72      7    | 74      7
7247 7427 47 | 7427 724742747
```

# QUATRIÈME SÉRIE D'EXERCICES.

## ÉTUDE DE L'UT DIÈSE.

### PREMIER GROUPE.

UT DIÈSE accidentel pris EN DESCENDANT.

```
123
32   212 | 212 23
3    212 | 212  3
3     12 | 21   3   32171
```

```
1234 432
42   212 | 212 24
4    212 | 212  4
4     12 | 21   4   432171
```

```
135  5432
52   212 | 212 25
5    212 | 212  5
5     12 | 21   5   5432171
```

```
1356 65432
62   212 | 212 26
6    212 | 212  6
6     12 | 21   6   65432171
```

## ÉTUDE DU MI BÉMOL.

### PREMIER GROUPE.

MI BÉMOL accidentel pris EN MONTANT.

```
171
12   232 | 232 21
1    232 | 232  1
1     32 | 23   1   171
```

```
17   712
72   232 | 232 27
7    232 | 232  7
7     32 | 23   7   7171
```

```
176  6712
62   232 | 232 26
6    232 | 232  6
6     32 | 23   6   67171
```

```
1765 56712
52   232 | 232 25
5    232 | 232  5
5     32 | 23   5   567171
```

```
13517 71532|
72       212|212 27
7        212|212  7
7         12|21   7 7153171
```

```
1354 1532|
12       212|212 21
1        212|212  1
1         12|21   1 153171
```

### DEUXIÈME GROUPE.

UT DIÈSE accidentel pris EN MONTANT.

```
17
717 72 212|212 27 717
717    212|212    717
71      12|21     17 7171
```

```
17 712|
72 212|212 27
7  212|212  7
7   12|21   7 7171
```

```
176 6712|
62     212|212 26
6      212|212  6
6       12|21   6 67171
```

```
1765 56712|
52       212|212 25
5        212|212  5
5         12|21   5 567171
```

```
12 21534|
42       212|212 24
4        212|212  4
4         12|21   4 4346171
```

```
12 2751|
42    232|232 24
4     232|232  4
4      32|23   4 4346171
```

```
153 3512|
32     232|232 23
3      232|232  3
3       32|23   3 35171
```

### DEUXIÈME GROUPE.

MI BÉMOL accidentel pris EN DESCENDANT.

```
1234
434 42 232|232 24 434
434    232|232    434
43      32|23      34 42171
```

```
1234 432|
42       232|232 24
4        232|232  4
4         32|23   4 42171
```

```
135 5432|
52      232|232 25
5       232|232  5
5        32|23   5 542171
```

```
1356 65432|
62        232|232 26
6         232|232  6
6          32|23   6 6542171
```

```
13517 71532|
72        232|232 27
7         232|232  7
7          32|23   7 7153171
```

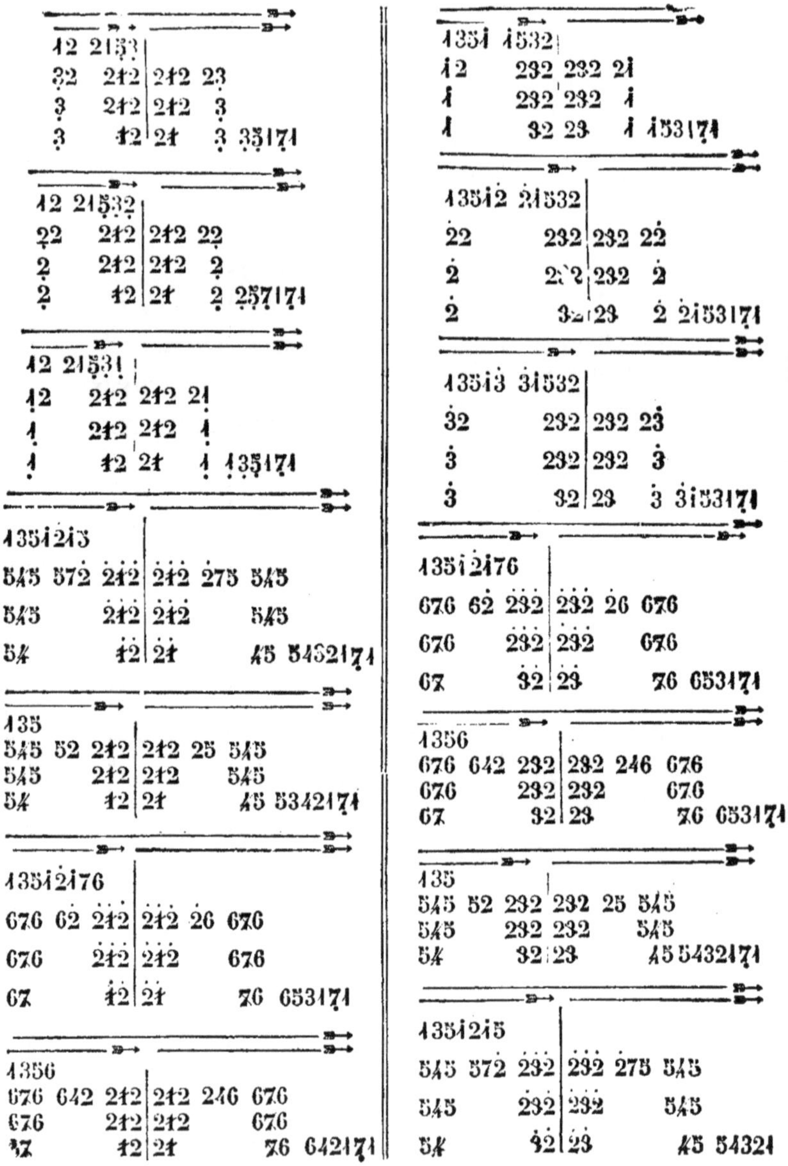

12 2153
32   212 | 212 23
3    212 | 212 3
3     12 | 21  3 35171

12 21532
22   212 | 212 22
2    212 | 212 2
2     12 | 21  2 257171

12 21531
12   212 | 212 21
1    212 | 212 1
1     12 | 21  1 135171

135123
545 572 212 | 212 275 545
545     212 | 212     545
54       12 | 21      45 5432171

135
545 52 212 | 212 25 545
545    212 | 212    545
54      12 | 21     45 5342171

13512176
676 62 212 | 212 26 676
676    212 | 212    676
67      12 | 21     76 653171

1356
676 642 212 | 212 246 676
676     212 | 212     676
67       12 | 21      76 642171

1351 1532
12   232 232 21
1    232 232 1
1     32 23  1 153171

13512 21532
22   232 | 232 22
2    232 | 232 2
2     32 | 23  2 2153171

13513 31532
32   232 | 232 23
3    232 | 232 3
3     32 | 23  3 3153171

13512176
676 62 232 | 232 26 676
676    232 | 232    676
67      32 | 23     76 653171

1356
676 642 232 | 232 246 676
676     232 | 232     676
67       32 | 23      76 653171

135
545 52 232 | 232 25 545
545    232 232    545
54      32 23     45 5432171

1351215
545 572 232 | 232 275 545
545     232 | 232     545
54       32 | 23      45 54321

## TROISIÈME GROUPE.

### UT DIÈSE fondamental, par DEGRÉS CONJOINTS.

*Étude de 67123 32176.*

Première partie de la gamme de LA, MODE MAJEUR.

MODÈLE.

12345 54321 51

| Mode majeur. | Mode mineur. |
|---|---|
| 67123 32176 | 67123 32176 |
| 67123 2176 | 67123 2176 |
| 6712 2176 | 6712 2176 |
| 6712 176 | 6712 176 |
| 671 176 | 671 176 |
| 671 76 | 671 76 |
| 67 6 | 67 6 |
| 67123 32176 36 | 67123 32176 36 |

*Étude de 71234 43217.*

Première partie de la gamme de SI, MODE MINEUR.

MODÈLE.

67123 32176 36

| | |
|---|---|
| 71234 43217 | 43217 71234 |
| 71234 3217 | 43217 1234 |
| 7123 3217 | 4321 1234 |
| 7123 217 | 4321 234 |
| 712 217 | 432 234 |
| 712 17 | 432 34 |
| 71 7 | 43 4 |
| 71234 43217 47 | 43217 71234 7 |

*Étude de 2176 6712.*

Deuxième partie de la gamme de RÉ, MODE MAJEUR.

MODÈLE.

1765 5671 51

| | |
|---|---|
| 2176 6712 | 6712 2176 |
| 2176 712 | 6712 176 |
| 217 712 | 671 176 |
| 217 12 | 671 76 |
| 21 2 | 67 6 |
| 2176 6712 62 | 6712 2176 2 |

## TROISIÈME GROUPE.

### MI BÉMOL fondamental, par DEGRÉS CONJOINTS

*Étude de 12345 54321.*

Première partie de la gamme d'UT, MODE MINEUR.

MODÈLE.

67123 32176 36

| Mode mineur. | Mode majeur. |
|---|---|
| 12345 54321 | 12345 54321 |
| 12345 4321 | 12345 4321 |
| 1234 4321 | 1234 4321 |
| 1234 321 | 1234 321 |
| 123 321 | 123 321 |
| 123 21 | 123 21 |
| 12 1 | 12 1 |
| 12345 54321 51 | 12345 54321 51 |

*Étude de 71234 43217.*

Première partie de la gamme de SI BÉMOL, MODE MAJEUR.

MODÈLE.

12345 54321 51

| | |
|---|---|
| 71234 43217 | 43217 71234 |
| 71234 3217 | 43217 1234 |
| 7123 3217 | 4321 1234 |
| 7123 217 | 4321 234 |
| 712 217 | 432 234 |
| 712 17 | 432 34 |
| 71 7 | 43 4 |
| 71234 43217 47 | 43217 71234 7 |

*Étude de 3217 7123.*

Deuxième partie de la gamme de MI BÉMOL, MODE MAJEUR.

MODÈLE.

1765 5671 51

| | |
|---|---|
| 3217 7123 | 7123 3217 |
| 3217 123 | 7123 217 |
| 321 123 | 712 217 |
| 321 23 | 712 17 |
| 32 3 | 71 7 |
| 3217 7123 73 | 7123 3217 3 |

## Étude de 2176 6712.

Deuxième partie de la gamme de RÉ, MODE MINEUR.

MODÈLES.

6543 3456 36 | 1765 5671 51

Mode mineur. — Mode majeur.

| Mode mineur | Mode majeur |
|---|---|
| 2176 6712 | 2176 6712 |
| 2176 712 | 2176 712 |
| 217 712 | 217 712 |
| 217 12 | 217 12 |
| 21 2 | 21 2 |
| 2176 6712 62 | 2176 6712 62 |

### QUATRIÈME GROUPE.

UT DIÈSE fondamental, par DEGRÉS DISJOINTS.

## Étude de 6136 6316.

Accord de quinte de tonique de LA, MODE MAJEUR.

MODÈLE.

1351 1531 51

Mode majeur. — Mode mineur.

| Mode majeur | Mode mineur |
|---|---|
| 6136 6316 | 6136 6316 |
| 6136 316 | 6136 316 |
| 613 316 | 613 316 |
| 613 16 | 613 16 |
| 61 6 | 61 6 |
| 6136 6316 36 | 6136 6316 36 |

## Étude de 6135 5316.

Accord de septième de dominante de

RÉ | MODE MAJEUR. / MODE MINEUR.

MODÈLE.

5724 4275 1

| | |
|---|---|
| 6135 5316 | 5316 6135 |
| 6135 316 | 5316 135 |
| 613 316 | 531 135 |
| 613 16 | 531 35 |
| 61 6 | 53 5 |
| 6135 5316 2 | 5316 6135316 2 |

## Étude de 5432 2345.

Deuxième partie de la gamme de SOL, MODE MINEUR.

MODÈLES.

6543 3456 36 | 1765 5671 51

| | |
|---|---|
| 5432 2345 | 5432 2345 |
| 5432 345 | 5432 345 |
| 543 345 | 543 345 |
| 543 45 | 543 45 |
| 54 5 | 54 5 |
| 5432 2345 25 | 5432 2345 25 |

### QUATRIÈME GROUPE.

MI BÉMOL fondamental, PAR DEGRÉS DISJOINT.

## Étude de 1351 1531.

Accord de quinte de tonique d'UT, MODE MINEUR.

MODÈLE.

6136 6316 36

Mode mineur. — Mode majeur.

| Mode mineur | Mode majeur |
|---|---|
| 1351 1531 | 1351 1531 |
| 1351 531 | 1351 531 |
| 135 531 | 135 531 |
| 135 31 | 135 31 |
| 13 1 | 13 1 |
| 1351 1531 51 | 1351 1531 51 |

## Étude de 4613 3164.

Accord de septième de dominante de

SI BÉMOL | MODE MAJEUR. / MODE MINEUR.

MODÈLE.

5724 4275 1

| | |
|---|---|
| 4613 3164 | 3164 4613 |
| 4613 164 | 3164 613 |
| 461 164 | 316 613 |
| 461 64 | 316 13 |
| 46 4 | 31 3 |
| 4613 3164 7 | 3164 4613164 7 |

## Étude de 4614 1464.

Accord de quinte de tonique de FA DIÈSE, MODE MINEUR.

MODÈLE.

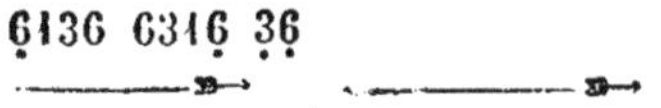

6136 6316 36

| | | |
|---|---|---|
| 4614 1464 | 1464 4614 |
| 4614 164 | 1464 614 |
| 461 164 | 146 614 |
| 461 64 | 146 14 |
| 46 4 | 14 4 |
| 4614 1464 14 | 1464 4614614 |

## Étude de 3573 3753.

Accord de quinte de tonique de MI BÉMOL, MODE MAJEUR.

MODÈLE.

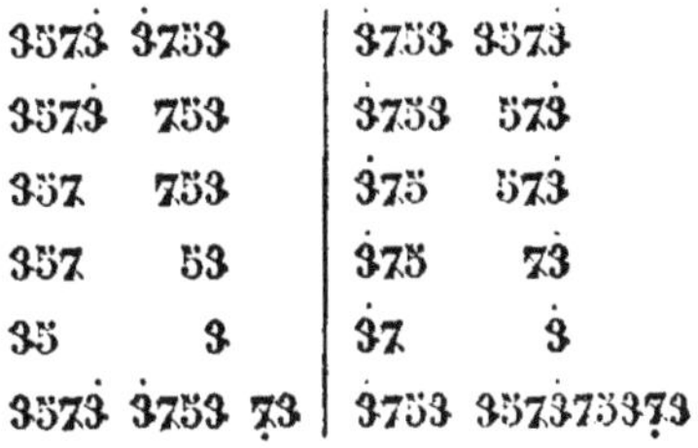

1351 1531 51

| | | |
|---|---|---|
| 3573 3753 | 3753 3573 |
| 3573 753 | 3753 573 |
| 357 753 | 375 573 |
| 357 53 | 375 73 |
| 35 3 | 37 3 |
| 3573 3753 73 | 3753 357373573 |

---

## CINQUIÈME SÉRIE D'EXERCICES.

### ÉTUDE DU SOL DIÈSE.

**PREMIER GROUPE.**

SOL DIÈSE accidentel pris EN DESCENDANT.

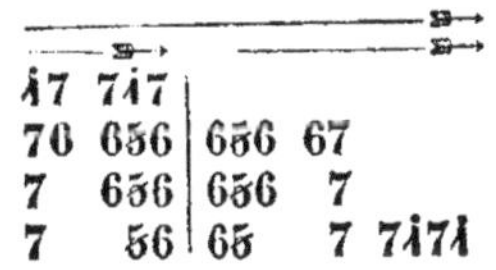

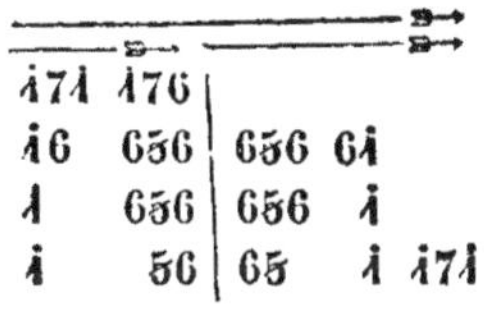

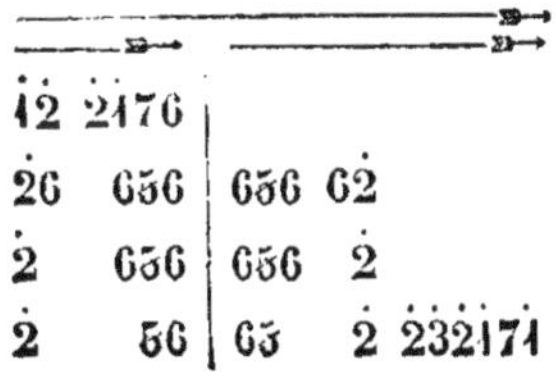

| | | |
|---|---|---|
| 17 717 | |
| 76 656 | 656 67 |
| 7 656 | 656 7 |
| 7 56 | 65 7 7171 |

| | | |
|---|---|---|
| 171 176 | |
| 16 656 | 656 61 |
| 1 656 | 656 1 |
| 1 56 | 65 1 171 |

| | | |
|---|---|---|
| 12 2176 | |
| 26 656 | 656 62 |
| 2 656 | 656 2 |
| 2 56 | 65 2 232171 |

### ÉTUDE DU LA BÉMOL.

**PREMIER GROUPE.**

LA BÉMOL accidentel pris EN MONTANT

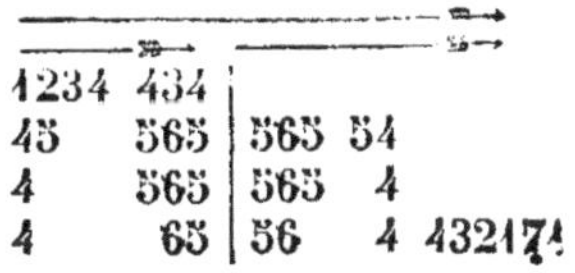

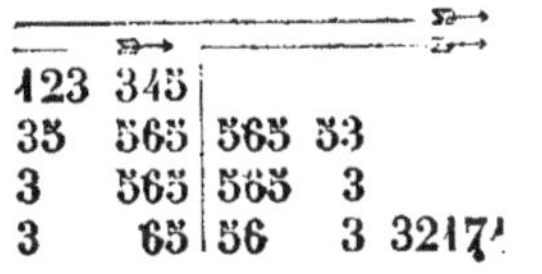

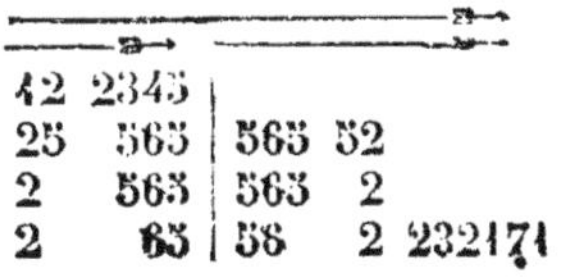

| | | |
|---|---|---|
| 1234 434 | |
| 45 565 | 565 54 |
| 4 565 | 565 4 |
| 4 65 | 56 4 432171 |

| | | |
|---|---|---|
| 123 345 | |
| 35 565 | 565 53 |
| 3 565 | 565 3 |
| 3 65 | 56 3 32171 |

| | | |
|---|---|---|
| 12 2345 | |
| 25 565 | 565 52 |
| 2 565 | 565 2 |
| 2 65 | 56 2 232171 |

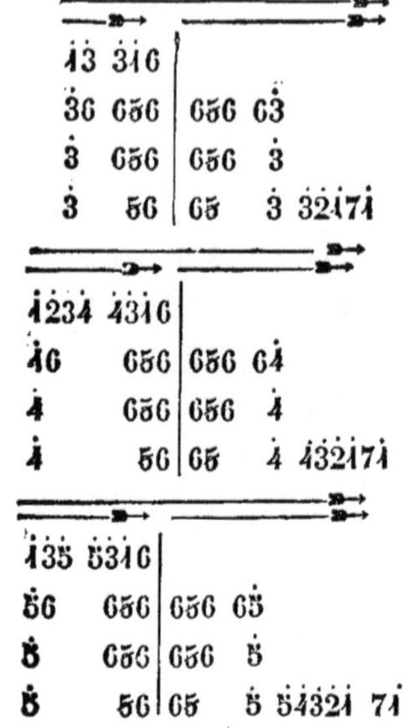

```
13 316
36 656 | 656 63
3  656 | 656 3
3   56 | 65  3 32171

1234 4316
46   656 | 656 64
4    656 | 656 4
4     56 | 65  4 432171

135 5316
56  656 | 656 65
5   656 | 656 5
5    56 | 65  5 54321 71
```

DEUXIÈME GROUPE.

**SOL DIÈSE** accidentel pris **EN MONTANT.**

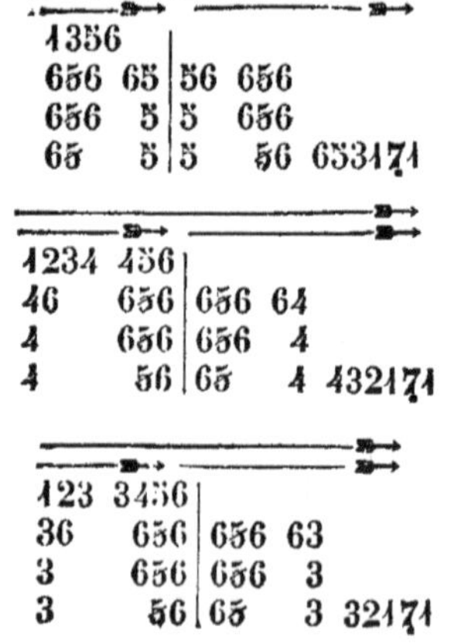

```
1356
656 65 | 56 656
656 5  | 5  656
65  5  | 5  56 653171

1234 456
46   656 | 656 64
4    656 | 656 4
4     56 | 65  4 432171

123 3456
36  656 | 656 63
3   656 | 656 3
3    56 | 65  3 32171
```

```
171 135
15  565 | 565 51
1   565 | 565 1
1    65 | 56  1 171

17 7135
75 565 | 565 57
7  565 | 565 7
7   65 | 56  7 7171

176 67135
65  565 | 565 56
6   565 | 565 6
6    65 | 56  6 67171
```

DEUXIÈME GROUPE.

**LA BÉMOL** accidentel pris **EN DESCENDANT.**

```
1765
565 56 | 65 565
565 6  | 6  565
56  6  | 6  65 567171

17 765
75 565 | 565 57
7  565 | 565 7
7   65 | 56  7 7171

171 1765
15  565 | 565 51
1   565 | 565 1
1    65 | 56  1 171
```

| | | | | |
|---|---|---|---|---|
| 42 | 23456 | | | |
| 26 | 656 | 656 | 62 | |
| 2 | 656 | 656 | 2 | |
| 2 | 56 | 65 | 2 | 232171 |

| | | | | |
|---|---|---|---|---|
| 171 | 1356 | | | |
| 46 | 656 | 656 | 61 | |
| 4 | 656 | 656 | 4 | |
| 4 | 56 | 65 | 4 | 171 |

| | | | | |
|---|---|---|---|---|
| 17 | 71356 | | | |
| 76 | 656 | 656 | 67 | |
| 7 | 656 | 656 | 7 | |
| 7 | 56 | 65 | 7 | 7171 |

| | | | | |
|---|---|---|---|---|
| 476 | 6136 | | | |
| 66 | 656 | 656 | 66 | |
| 6 | 656 | 656 | 6 | |
| 6 | 56 | 65 | 6 | 67171 |

| | | | | |
|---|---|---|---|---|
| 1765 | 51356 | | | |
| 56 | 656 | 656 | 65 | |
| 5 | 656 | 656 | 5 | |
| 5 | 56 | 65 | 5 | 567171 |

| | | | | | |
|---|---|---|---|---|---|
| 1356 | | | | | |
| 656 | 642 | 212 | 212 | 246 | 656 |
| 656 | | 212 | 212 | | 656 |
| 65 | | 12 | 21 | | 566531 71 |

| | | | | |
|---|---|---|---|---|
| 12 | 21765 | | | |
| 25 | 565 | 565 | 52 | |
| 2 | 565 | 565 | 2 | |
| 2 | 65 | 56 | 2 | 232171 |

| | | | | |
|---|---|---|---|---|
| 123 | 315 | | | |
| 35 | 565 | 565 | 53 | |
| 3 | 565 | 565 | 3 | |
| 3 | 65 | 56 | 3 | 32171 |

| | | | | |
|---|---|---|---|---|
| 1234 | 4315 | | | |
| 43 | 565 | 565 | 54 | |
| 4 | 565 | 565 | 4 | |
| 4 | 65 | 56 | 4 | 432171 |

| | | | | |
|---|---|---|---|---|
| 135 | 5315 | | | |
| 55 | 565 | 565 | 55 | |
| 5 | 565 | 565 | 5 | |
| 5 | 65 | 56 | 5 | 5432171 |

| | | | | |
|---|---|---|---|---|
| 1356 | 65315 | | | |
| 65 | 565 | 565 | 56 | |
| 6 | 565 | 565 | 6 | |
| 6 | 65 | 56 | 6 | 65432171 |

| | | | | | |
|---|---|---|---|---|---|
| 1765 | | | | | |
| 565 | 572 | 232 | 232 | 275 | 565 |
| 565 | | 232 | 232 | | 565 |
| 56 | | 32 | 23 | | 65 5671 |

13512176

| 156 62 212 | 212 26 656 |
|---|---|
| 656    212 | 212    656 |
| 65     12 | 21      56 67171 |

### TROISIÈME GROUPE.

SOL DIÈSE fondamental, par DEGRÉS CONJOINTS.

### Étude de 34567 76543.

Première partie de la gamme de MI, MODE MAJEUR.

#### MODÈLES.

12345 54321 54 | 67123 32176 36

| Mode majeur. | Mode mineur. |
|---|---|
| 34567 76543 | 34567 76543 |
| 34567 6543 | 34567 6543 |
| 3456 6543 | 3456 6543 |
| 3456 543 | 3456 ·543 |
| 345 543 | 345 543 |
| 345 43 | 345 43 |
| 34 3 | 34 3 |
| 34567 76543 73 | 34567 76543 73 |

### Étude de 6543 3456.

Deuxième partie de la gamme de LA, MODE MAJEUR.

#### MODÈLE.

1765 5671.

| Mode majeur | Mode mineur. |
|---|---|
| 6543 3456 | 6543 3456 |
| 6543 456 | 6543 456 |
| 654 456 | 654 456 |
| 654 56 | 654 56 |
| 65 6 | 65 6 |
| 6543 3456 36 | 6543 3456 36 |

1765

| 565 52 232 | 232 25 565 |
|---|---|
| 565    232 | 232    565 |
| 56     32 | 23       65 567171 |

### TROISIÈME GROUPE.

LA BÉMOL fondamental, par DEGRÉS CONJOINTS.

### Étude de 45671 17654.

Première partie de la gamme de FA, MODE MINEUR.

#### MODÈLES.

67123 32176 36 | 12345 54321 54

| Mode mineur. | Mode majeur. |
|---|---|
| 45671 17654 | 45671 17654 |
| 45671 7654 | 45671 7654 |
| 4567 7654 | 4567 7654 |
| 4567 654 | 4567 654 |
| 456 654 | 456 654 |
| 456 54 | 456 54 |
| 45 4 | 45 4 |
| 45671 17654 14 | 45671 17654 14 |

### Étude de 1765 5671.

Deuxième partie de la gamme d'UT, MODE MINEUR.

#### MODÈLE.

6543 3456 36.

| Mode mineur. | Mode majeur. |
|---|---|
| 1765 5671 | 1765 5671 |
| 1765 671 | 1765 671 |
| 176 671 | 176 671 |
| 176 71 | 176 71 |
| 17 1 | 17 1 |
| 1765 5671 54 | 1765 5671 54 |

## Étude de 45671 17654.

Première partie de la gamme de FA DIÈSE, MODE MINEUR.

MODÈLE.

67123 32176 36.

| | | | |
|---|---|---|---|
| 45671 | 17654 | 17654 | 45671 |
| 45671 | 7654 | 17654 | 5671 |
| 4567 | 7654 | 1765 | 5671 |
| 4567 | 654 | 1765 | 671 |
| 456 | 654 | 176 | 671 |
| 456 | 54 | 176 | 71 |
| 45 | 4 | 17 | 1 |
| 45671 17654 14 | | 17654 45671 414 | |

### QUATRIÈME GROUPE.

SOL DIÈSE fondamental, par DEGRÉS DISJOINTS.

## Étude de 3573 3753.

Accord de quinte de tonique de MI, MODE MAJEUR.

MODÈLES.

1351 1531 51 | 6136 6316 36

| Mode majeur. | | Mode mineur. | |
|---|---|---|---|
| 3573 | 3753 | 3573 | 3753 |
| 3573 | 753 | 3573 | 753 |
| 357 | 753 | 357 | 753 |
| 357 | 53 | 357 | 53 |
| 35 | 3 | 35 | 3 |
| 3573 3753 73 | | 3573 3753 73 | |

## Étude de 34567 76543.

Première partie de la gamme de MI BÉMOL, MODE MAJEUR.

MODÈLE.

12345 54321 51.

| | | | |
|---|---|---|---|
| 34567 | 76543 | 76543 | 34567 |
| 34567 | 6543 | 76543 | 4567 |
| 3456 | 6543 | 7654 | 4567 |
| 3456 | 543 | 7654 | 567 |
| 345 | 543 | 765 | 567 |
| 345 | 43 | 765 | 67 |
| 34 | 3 | 76 | 7 |
| 34567 76543 73 | | 76543 34567 3 | |

### QUATRIÈME GROUPE.

LA BÉMOL fondamental, par DEGRÉS DISJOINTS.

## Étude de 4614 4164.

Accord de quinte de tonique de FA, MODE MINEUR.

MODÈLES.

6136 6316 36 | 1351 1531 51

| Mode mineur. | | Mode majeur. | |
|---|---|---|---|
| 4614 | 4164 | 4614 | 4164 |
| 4614 | 164 | 4614 | 164 |
| 461 | 164 | 461 | 164 |
| 461 | 64 | 461 | 64 |
| 46 | 4 | 46 | 4 |
| 4614 4164 14 | | 4614 4164 14 | |

## Étude de 3572 2753.

Accord de septième de dominante de

LA { MODE MAJEUR. / MODE MINEUR.

**MODÈLE.**

5724 4275 1.

| | | | |
|---|---|---|---|
| 3572 | 2753 | 2753 | 3572 |
| 3572 | 753 | 2753 | 572 |
| 357 | 753 | 275 | 572 |
| 357 | 53 | 275 | 72 |
| 35 | 3 | 27 | 2 |
| 3572 | 2753 6 | 2753 | 3572753 6 |

## Étude de 7246 6427.

Accord de septième de dominante de

MI BÉMOL { MODE MAJEUR. / MODE MINEUR.

**MODÈLE.**

5724 4275 1.

| | | | |
|---|---|---|---|
| 7246 | 6427 | 6427 | 7246 |
| 7246 | 427 | 6427 | 246 |
| 724 | 427 | 642 | 246 |
| 724 | 27 | 642 | 46 |
| 72 | 7 | 64 | 6 |
| 7246 | 6427 3 | 6427 | 7246427 3 |

# SIXIÈME SÉRIE D'EXERCICES.

### ÉTUDE DU RÉ DIÈSE.

#### PREMIER GROUPE.

RÉ DIÈSE accidentel pris EN DESCENDANT.

| | | | | |
|---|---|---|---|---|
| 1234 | 434 | | | |
| 43 | 323 | 323 | 34 | |
| 4 | 323 | 323 | 4 | |
| 4 | 23 | 32 | 4 | 432171 |

| | | | | |
|---|---|---|---|---|
| 135 | 543 | | | |
| 53 | 323 | 323 | 35 | |
| 5 | 323 | 323 | 5 | |
| 5 | 23 | 32 | 5 | 5432171 |

| | | | | |
|---|---|---|---|---|
| 1356 | 653 | | | |
| 63 | 323 | 323 | 36 | |
| 6 | 323 | 323 | 6 | |
| 6 | 23 | 32 | 6 | 653171 |

### ÉTUDE DU RÉ BÉMOL.

#### PREMIER GROUPE.

RÉ BÉMOL accidentel pris EN MONTANT.

| | | | | |
|---|---|---|---|---|
| 17 | 717 | | | |
| 71 | 121 | 121 | 17 | |
| 7 | 121 | 121 | 7 | |
| 7 | 21 | 12 | 7 | 7171 |

| | | | | |
|---|---|---|---|---|
| 171 | 176 | | | |
| 61 | 121 | 121 | 16 | |
| 6 | 121 | 121 | 6 | |
| 6 | 21 | 12 | 6 | 67171 |

| | | | | |
|---|---|---|---|---|
| 171 | 1765 | | | |
| 51 | 121 | 121 | 15 | |
| 5 | 121 | 121 | 5 | |
| 5 | 21 | 12 | 5 | 567171 |

```
13517 7153
73      323 | 323 37
7       323 | 323  7
7        23 | 32   7 71531

1351 153
13      323 | 323 31
1       323 | 323  1
1        23 | 32   1 1531

13512 2153
23      323 | 323 32
2       323 | 323  2
2        23 | 32   2 21531
```

DEUXIÈME GROUPE.

RÉ DIÈSE accidentel pris EN MONTANT.

```
123
323 32 | 23 323
323  2 | 2  323
32   2 | 2   23 32171

171 123
13   323 | 323 31
1    323 | 323  1
1     23 | 32   1 171

17 7123
73   323 | 323 37
7    323 | 323  7
7     23 | 32   7 7171

176 613
63   323 | 323 36
6    323 | 323  6
6     23 | 32   6 67171
```

```
171 1534
44   121 | 121 14
4    121 | 121  4
4     21 | 12   4 4346171

171 153
31   121 | 121 13
3    121 | 121  3
3     21 | 12   3 35171

171 1532
21   121 | 121 12
2    121 | 121  2
2     21 | 12   2 2321351
```

DEUXIÈME GROUPE.

RÉ BÉMOL accidentel pris EN DESCENDANT.

```
171
121 12 | 21 121
121  2 | 2  121
12   2 | 2   21 171

123 321
31   121 | 121 13
3    121 | 121  3
3     21 | 12   3 32171

1234 4321
44   121 | 121 14
4    121 | 121  4
4     21 | 12   4 432171

135 531
51   121 | 121 15
5    121 | 121  5
5     21 | 12   5 5432171
```

```
1765 513
53   323 | 323 35
5    323 | 323  5
5     23 | 32   5 567171

43 31534
43   323 | 323 34
4    323 | 323  4
4     23 | 32   4 4346171

43 31533
33   323 | 323 33
3    323 | 323  3
3     23 | 32   3 35171

43 31532
23   323 | 323 32
2    323 | 323  2
2     23 | 32   2 21351

123
323 315 545 | 545 513 323
323     545 | 545     323
32       45 | 54      23 32171

153
323 35 545 | 545 53 323
323    545 | 545    323
32      45 | 54     23 35171

123
323 316 656 | 656 613 323
323     656 | 656     323
32       56 | 65      23 3271
```

```
1356 6531
61   121 | 121 16
6    121 | 121  6
6     21 | 12   6 653171

13517 71531
71   121 | 121 17
7    121 | 121  7
7     21 | 12   7 71531

1351 1531
11   121 | 121 11
1    121 | 121  1
1     21 | 12   1 1531

13512 21531
21   121 | 121 12
2    121 | 121  2
2     21 | 12   2 21531

171
121 16 676 | 676 61 121
121    676 | 676    121
12      76 | 67     21 171

1531
121 1356 676 | 676 6531 121
121      676 | 676      121
12        76 | 67       21 13

1531
121 135 565 | 565 531 121
121     565 | 565     121
12       65 | 56      21 1351
```

| | | | | | |
|---|---|---|---|---|---|
| 453 | | | | | |
| 323 | 36 | 656 | 656 | 63 | 323 |
| 323 | | 656 | 656 | | 323 |
| 33 | | 56 | 65 | | 23 35171 |

### TROISIÈME GROUPE.

**Ré dièse** fondamental, par DEGRÉS CONJOINTS.

#### Étude de

3217 7123      3217 7123.

| Deuxième partie de la gamme de MI, MODE MAJEUR. | Deuxième partie de la gamme de MI, MODE MINEUR. |
|---|---|

#### MODÈLES.

4765 5674 54 | 6543 3456 36.

| Mode majeur. | | Mode mineur. | |
|---|---|---|---|
| 3217 | 7123 | 3217 | 7123 |
| 3217 | 123 | 3217 | 123 |
| 321 | 123 | 321 | 123 |
| 321 | 23 | 321 | 23 |
| 32 | 3 | 32 | 3 |
| 3217 | 7123 73 | 3217 | 7123 73 |

#### Étude de 7123♯ ♯3217.

Première partie de la gamme de SI, MODE MAJEUR.

#### MODÈLES.

12345 54321 54 | 67123 32176 36

| Mode majeur. | | Mode mineur. | |
|---|---|---|---|
| 7123♯ | ♯3217 | 7123♯ | ♯3217 |
| 7123♯ | 3217 | 7123♯ | 3217 |
| 7123 | 3217 | 7123 | 3217 |
| 7123 | 217 | 7123 | 217 |
| 712 | 217 | 712 | 217 |
| 712 | 17 | 712 | 17 |
| 71 | 7 | 71 | 7 |
| 7123♯ | ♯3217 17 | 7123♯ | ♯3217 17 |

| | | | | | |
|---|---|---|---|---|---|
| 171 | | | | | |
| 121 | 15 | 565 | 565 | 54 | 121 |
| 121 | | 565 | 565 | | 121 |
| 12 | | 65 | 56 | | 21 171 |

### TROISIÈME GROUPE.

**Ré bémol** fondamental, par DEGRÉS CONJOINTS.

#### Étude de 4321 1234.

Deuxième partie de la gamme de FA, MODE MINEUR

#### MODÈLES.

6543 3456 36 | 4765 5674 54.

| Mode mineur. | | Mode majeur. | |
|---|---|---|---|
| 4321 | 1234 | 4321 | 1234 |
| 4321 | 234 | 4321 | 234 |
| 432 | 234 | 432 | 234 |
| 432 | 34 | 432 | 34 |
| 43 | 4 | 43 | 4 |
| 4321 | 1234 14 | 4321 | 1234 14 |

#### Étude de 71234 43217.

Première partie de la gamme de SI bémol, MODE MINEUR.

#### MODÈLES.

67123 32176 36 | 12345 54321 54.

| Mode mineur. | | Mode majeur. | |
|---|---|---|---|
| 71234 | 43217 | 71234 | 43217 |
| 71234 | 3217 | 71234 | 3217 |
| 7123 | 3217 | 7123 | 3217 |
| 7123 | 217 | 7123 | 217 |
| 712 | 217 | 712 | 217 |
| 712 | 17 | 712 | 17 |
| 71 | 7 | 71 | 7 |
| 71234 | 43217 47 | 71234 | 43217 47 |

### QUATRIÈME GROUPE.

RÉ DIÈSE fondamental, par DEGRÉS DISJOINTS.

*Étude de 7247 7427.*

Accord de quinte de tonique de SI, MODE MAJEUR.

#### MODÈLES.

1351 1531 51 | 6136 6316 36

| Mode majeur. | | Mode mineur. | |
|---|---|---|---|
| 7247 | 7427 | 7247 | 7427 |
| 7247 | 427 | 7247 | 427 |
| 724 | 427 | 724 | 427 |
| 724 | 27 | 724 | 27 |
| 72 | 7 | 72 | 7 |
| 7247 | 7427 47 | 7247 | 7427 47 |

*Étude de 7246 6427.*

Accord de septième de dominante de

MI | MODE MAJEUR. / MODE MINEUR.

#### MODÈLE.

5724 4275 1

| | | | |
|---|---|---|---|
| 7246 | 6427 | 6427 | 7246 |
| 7246 | 427 | 6427 | 246 |
| 724 | 427 | 642 | 246 |
| 724 | 27 | 642 | 46 |
| 72 | 7 | 64 | 6 |
| 7246 | 6427 3 | 6427 | 72464 27 3 |

### QUATRIÈME GROUPE.

RÉ BÉMOL fondamental, par DEGRÉS DISJOINTS.

*Étude de 7247 7427.*

Accord de quinte de tonique de SI BÉMOL, MODE MINEUR.

#### MODÈLES.

6136 6316 36 | 1351 1531 51

| Mode mineur. | | Mode majeur. | |
|---|---|---|---|
| 7247 | 7427 | 7247 | 7427 |
| 7247 | 427 | 7247 | 427 |
| 724 | 427 | 724 | 427 |
| 724 | 27 | 724 | 27 |
| 72 | 7 | 72 | 7 |
| 7247 | 7427 47 | 7247 | 7427 47 |

*Étude de 3572 2753.*

Accord de septième de dominante de

LA BÉMOL | MODE MAJEUR. / MODE MINEUR.

#### MODÈLE.

5724 4275 1

| | | | |
|---|---|---|---|
| 3572 | 2753 | 2753 | 3572 |
| 3572 | 753 | 2753 | 572 |
| 357 | 753 | 273 | 572 |
| 357 | 53 | 275 | 72 |
| 35 | 3 | 27 | 2 |
| 3572 | 2753 6 | 2753 | 35722753 6 |

## SEPTIÈME SÉRIE D'EXERCICES.

### ÉTUDE DU LA DIÈSE.

#### PREMIER GROUPE.

LA DIÈSE accidentel pris EN DESCENDANT.

| | | | |
|---|---|---|---|
| 171 | | | |
| 17 | 767 | 767 | 71 |
| 1 | 767 | 767 | 1 |
| 1 | 67 | 76 | 1 171 |

### ÉTUDE DU SOL BÉMOL.

#### PREMIER GROUPE.

SOL BÉMOL accidentel pris EN MONTANT.

| | | | |
|---|---|---|---|
| 13 | 343 | | |
| 34 | 454 | 454 | 43 |
| 3 | 454 | 454 | 3 |
| 3 | 54 | 45 | 3 32171 |

12 217
27 767 | 767 72
2 767 | 767 2
2 67 | 76  2 232171

13 3217
37 767 | 767 73
3 767 | 767 3
3 67 | 76  3 32171

1234 43217
47 767 | 767 74
4 767 | 767 4
4 67 | 76  4 43217i

135 5317
57 767 | 767 75
5 767 | 767 5
5 67 | 76  5 53171

1356 65317
67 767 | 767 76
6 767 | 767 6
6 67 | 76  6 653171

DEUXIÈME GROUPE.

LA DIÈSE accidentel pris EN MONTANT.

17 747
767 76 | 67 767
767 6 | 6 767
76 6 | 6 67 7171

12 234
24 454 | 454 42
2 454 | 454 2
2 54 | 45  2 232171

171 1234
14 454 | 454 41
1 454 | 454 1
1 54 | 45  1 171

17 71234
74 454 | 454 47
7 454 | 454 7
7 54 | 45  7 7171

176 6134
64 454 | 454 46
6 454 | 454 6
6 54 | 45  6 67171

1765 5134
54 454 | 454 45
5 454 | 454 5
5 54 | 45  5 567171

DEUXIÈME GROUPE.

SOL BÉMOL accidentel pris EN DESCENDANT.

1534 434
454 45 | 54 454
454 5 | 5 454
45 5 | 5 54 4346171

í765 567
87    767 | 767 75
5     767 | 767 5
5      67 | 76   5 567í7í

í7 7í534
47    767 | 767 74
4     767 | 767 4
4      67 | 76   4 4346í7í

í7 7í53
37    767 | 767 73
3     767 | 767 3
3      67 | 76   3 357í7í

í7 7í532
27    767 | 767 72
2     767 | 767 2
2      67 | 76   2 257í7í

í7 7í53í
í7    767 | 767 7í
í     767 | 767 í
í      67 | 76   í 135í7í

í7 7í53í7
77    767 | 767 77
7     767 | 767 7
7      67 | 76   7 7135í7í

í7 7í53í6
67    767 | 767 76
6     767 | 767 6
6      67 | 76   6 65135í7í

í76 654
64    454 | 454 46
6     454 | 454 6
6      54 | 45   6 67í7í

í7 7í534
74    454 | 454 47
7     454 | 454 7
7      54 | 45   7 7í7í

í534 434
í4    454 | 454 4í
í     454 | 454 í
í      54 | 45   í í7í

í2 2í534
24    454 | 454 42
2     454 | 454 2
2      54 | 45   2 232í7í

í3 3í534
34    454 | 454 43
3     454 | 454 3
3      54 | 45   3 32í7í

í234 43í534
44    454 | 454 44
4     454 | 454 4
4      54 | 45   4 432í7í

í35 3í534
54    454 | 454 45
5     454 | 454 5
5      54 | 45   5 543217

```
17 717
767 75 545 | 545 57 767
767    545 | 545    767
76      45 | 54        67 7171


17 717
767 7135 545 | 545 5317 767
767      545 | 545      767
76        45 | 54       67 7171


17 717
767 72 212 | 212 27 767
767    212 | 212    767
76      12 | 21       67 7171


17 717
767 71532 212 | 212 23517 767
767       212 | 212       767
76         12 | 21        67 7171


17 717
767 713 323 | 323 317 767
767     323 | 323     767
76       23 | 32      67 7171


17 717
767 7153 323 | 323 3517 767
767      323 | 323      767
76        23 | 32       67 7171
```

```
1234 434
454 4316 676 | 676 6134 454
454      676 | 676      454
45        76 | 67        54
                     432171


1534 434
454 46 676 | 676 64 454
454    676 | 676    454
45      76 | 67     54 435171


1534 434
454 42 232 | 232 24 454
454    232 | 232    454
45      32 | 23     54 435171


1534 434
454 434612 232 | 232 1534 454
454        232 | 232      454
45          32 | 23        54
                      435171


1534 434
454 4321 121 | 121 1234 454
454      121 | 121      454
45        21 | 12        54
                      435171


1534 434
454 43461 121 | 121 16434 454
454       121 | 121       454
45         21 | 12         54
                      435171
```

## TROISIÈME GROUPE.

**LA DIÈSE** fondamental, par DEGRÉS CONJOINTS.

*Étude de*

7654 4567    7654 4567.

| Deuxième partie de la gamme de SI, MODE MAJEUR. | Deuxième partie de la gamme de si, MODE MINEUR. |
|---|---|

MODÈLES.

1765 5671 51 | 6543 3456 36

| Mode majeur. | | Mode mineur. | |
|---|---|---|---|
| 765/ | 4567 | 765/ | 4567 |
| 765/ | 567 | 765/ | 567 |
| 765 | 567 | 765 | 567 |
| 765 | 67 | 765 | 67 |
| 76 | 7 | 76 | 7 |
| 765/ 4567 /7 | | 765/ 4567 /7 | |

## TROISIÈME GROUPE.

**SOL BÉMOL** fondamental, par DEGRÉS CONJOINTS

*Étude de 7654 4567.*

Deuxième partie de la gamme de si bémol, MODE MINEUR

MODÈLES.

6543 3456 36 | 1765 5671 51

| Mode mineur. | | Mode majeur. | |
|---|---|---|---|
| 7654 | 4567 | 7654 | 4567 |
| 7654 | 567 | 7654 | 567 |
| 765 | 567 | 765 | 567 |
| 765 | 67 | 765 | 67 |
| 76 | 7 | 76 | 7 |
| 7654 4567 47 | | 7654 4567 47 | |

---

# HUITIÈME SÉRIE D'EXERCICES.

## ÉTUDE DU MI DIÈSE FONDAMENTAL.

*Étude de*

4321 1234    4321 1234.

| Deuxième partie de la gamme de FA DIÈSE, MODE MINEUR. | Deuxième partie de la gamme de FA DIÈSE, MODE MAJEUR. |
|---|---|

MODÈLES.

6543 3456 36 | 1765 5671 51

| Mode mineur. | | Mode majeur. | |
|---|---|---|---|
| 4321 | 1234 | 4321 | 1234 |
| 4321 | 234 | 4321 | 234 |
| 432 | 234 | 432 | 234 |
| 432 | 34 | 432 | 34 |
| 43 | 4 | 43 | 4 |
| 4321 1234 14 | | 4321 1234 14 | |

## ÉTUDE DE L'UT BÉMOL FONDAMENTAL.

*Étude de 3217 7123.*

Deuxième partie de la gamme de MI BÉMOL, MODE MINEUR.

MODÈLES.

6543 3456 36 | 1765 5671 51.

| Mode mineur. | | Mode majeur. | |
|---|---|---|---|
| 3217 | 7123 | 3217 | 7123 |
| 3217 | 123 | 3217 | 123 |
| 321 | 123 | 321 | 123 |
| 321 | 23 | 321 | 23 |
| 32 | 3 | 32 | 3 |
| 3217 7123 73 | | 3217 7123 73 | |

## NEUVIÈME SÉRIE D'EXERCICES.

<table>
<tr><td>

ÉTUDE DU SI DIÈSE FONDAMENTAL.

*Étude de*

1765 5671   1765 5671.

| Deuxième partie de la gamme de UT DIÈSE, MODE MINEUR. | Deuxième partie de la gamme d'UT DIÈSE, MODE MAJEUR. |

MODÈLES.

| 6543 3456 36 | 1765 5671 51 |

| 1765 5671 | 1765 5671 |
| 1765 671 | 1765 671 |
| 176 671 | 176 671 |
| 176 71 | 176 71 |
| 17 1 | 17 1 |
| 1765 5671 51 | 1765 5671 51 |

</td><td>

ÉTUDE DU FA BÉMOL FONDAMEN

*Étude de 6543 3456.*

Deuxième partie de la gamme de LA BÉMOL, MODE MINEUR.

MODÈLES.

| 6543 3456 36 | 1765 5671 51. |

| 6543 3456 | 6543 3456 |
| 6543 456 | 6543 456 |
| 654 456 | 654 456 |
| 654 56 | 654 56 |
| 65 6 | 65 6 |
| 6543 3456 36 | 6543 3456 36 |

</td></tr>
</table>

## DIXIÈME SÉRIE D'EXERCICES.

*Étude de la gamme* CHROMATIQUE (1) PAR DIÈSES.

| 12 212 | 23 323 | 34 434 | 45 545 | 56 656 | 67 767 | 71 | 1531 |
| 12 12 | 23 23 | 34 34 | 45 45 | 56 56 | 67 67 | 71 | 1531 |
| 1 12 | 2 23 | 34 | 4 45 | 5 56 | 6 67 | 71 | 1531 |
| 1 12 | 23 | 4 | 45 | 56 | 67 | 1 | 1531 |

| 17 | 767 76 | 656 65 | 545 54 | 434 43 | 323 32 | 212 21 | 1351 |
| 17 | 767 6 | 656 5 | 545 4 | 434 3 | 323 2 | 212 1 | 1351 |
| 17 | 76 6 | 65 5 | 54 4 | 43 | 32 2 | 21 1 | 1351 |
| 1 | 76 | 65 | 54 | 4 | 32 | 21 1 | 1351 |

1 1 2 2 3 4 4 5 5 6 6 7 1   1 7 6 6 5 5 4 4 3 2 2 1 1

(1 Voir dans la partie théorique la signification de ce mot. Page 239.)

*Étude de la gamme* CHROMATIQUE (1) PAR BÉMOLS.

| 1̇21 12 | 232 23 | 343 34 | 454 45 | 565 56 | 676 67 | 71̇ | 1̇531 |
|---|---|---|---|---|---|---|---|
| 1̇21 2 | 232 3 | 343 4 | 454 5 | 565 6 | 676 7 | 71̇ | 1̇531 |
| 12 2 | 23 3 | 34 | 45 5 | 56 6 | 67 7 | 71̇ | 1̇531 |
| 12 | 23 | 3 | 45 | 56 | 67 | 71̇ | 1̇531 |

| 1̇7 | 76 676 | 65 565 | 54 454 | 43 343 | 32 232 | 21 1̇21 | 1̇351 |
|---|---|---|---|---|---|---|---|
| 1̇7 | 76 76 | 65 65 | 54 54 | 43 43 | 32 32 | 21 21 | 1̇351 |
| 1̇7 | 7 76 | 6 65 | 5 54 | 43 | 3 32 | 2 21 | 1̇351 |
| 1̇7 | 76 | 65 | · 54 | 3 | 32 | 21 | 1̇351 |

1 2 2 3 3 4 5 5 6 6 7 7 1̇    1̇ 7 7 6 6 5 5 4 3 3 2 2 1

1 ♯1 2 2 3 4 ♯4 5 5 6 6 7 1̇    1̇ 7 7 6 6 5 5 4 3 3 2 2 1̇

1 2 2 3 3 4 5 5 6 6 7 7 1̇    1̇ 7 6 6 5 5 ♯4 4 3 2 2 1̇ 1̇

*Étude de la gamme* ENHARMONIQUE (1).

| 1̇21 12 212 | 232 23 323 | 343 34 434 | 454 45 545 | 565 56 656 | 676 67 767 | 71̇ | 1̇53 |
|---|---|---|---|---|---|---|---|
| 1̇21 1 212 | 232 2 323 | 343 3 434 | 454 4 545 | 565 5 656 | 676 6 767 | 71̇ | 1̇53 |
| 1̇21 212 | 232 323 | 343 434 | 454 545 | 565 656 | 676 767 | 71̇ | 1̇53 |
| 12 ♯12 | 23 23 | 34 34 | 45 ♯45 | 56 56 | 67 67 | 71̇ | 1̇53 |
| 12 | ♯ 23 | 23 | 45 | ♯ 56 | 56 7 | 67 | 1̇ 1̇53 |

| 1̇7 | 767 76 676 | 656 65 565 | 545 54 454 | 434 43 343 | 323 32 232 | 212 21 1̇21 | 1̇35 |
|---|---|---|---|---|---|---|---|
| 1̇7 | 767 7 676 | 656 6 565 | 545 5 454 | 434 4 343 | 323 3 232 | 212 2 1̇21 | 1̇35 |
| 1̇7 | 767 676 | 656 565 | 545 454 | 434 343 | 323 232 | 212 1̇21 | 1̇35 |
| 1̇7 | 76 76 | 65 65 | 54 ♯54 | 43 43 | 32 32 | 21 21 | 1̇35 |
| 1̇ 76 | ♯76 5 | 65 ♯ | 54 | 32 | 32 ♯ | 21 | 1̇35 |

# QUATRIÈME CLASSE.

### *Étude pratique de la mesure.*

*N.-B.* Avant de commencer l'étude pratique de la mesure, il faut :

1° Avoir étudié dans la partie théorique de cet ouvrage, page 251 et sui-
vantes, le livre 2ᵉ qui traite de la mesure ;

2° Être parfaitement maître de l'exercice d'intonation n° 8 , page 39.

Nous suivons pour l'étude de la mesure , comme pour celle de l'intonation ,
le principe qui défend d'attaquer à la fois plusieurs difficultés ; or, comme il
est bien plus facile de faire une seule opération  que d'en faire deux à la fois,
nous emploierons d'abord , *pour marquer la mesure , la voix seule , avant d'y em-
ployer simultanément la voix et la main.*

*Comment on  doit marquer la mesure au moyen de la voix.* Pour s'habituer à
marquer régulièrement les temps de la mesure, il faut s'exercer *à dire à haute
voix* et TRÈS-RÉGULIÈREMENT la syllabe TA . a des intervalles égaux, comme si
l'on voulait imiter le bruit que fait le balancier d'une pendule quand il est en
mouvement.

Il importe peu que la durée qui s'écoule d'une syllabe à l'autre soit plus ou
moins longue , pourvu qu'elle soit toujours la même entre deux syllabes ; nous
ne tenons ici qu'à la RÉGULARITÉ.

*Comment on doit marquer la mesure avec la voix et la main droite simultané-
ment.* (Conseils sur la rapidité et l'étendue des mouvements que la main doit faire
pour battre la mesure).

1° Les mouvements de la main  doivent être faits d'une manière nette, et
même un peu brusque , qui porte rapidement la main dans la direction indiquée
par le mot que l'on prononce. Ce mot doit être prononcé très-vivement , de telle
sorte que la main, se déplaçant à point nommé, puisse séjourner le temps voulu
au point où l'aura portée chaque déplacement.

2° Il faut avoir soin de ne pas faire parcourir à la main , pour chaque dépla-
cement, une étendue trop différente , parce que cela nuirait à l'égalité des
mouvements.

Pour marquer la mesure avec la voix et la main simultanément, nous nous
servirons d'abord des mots qui indiquent de quel côté doit se porter la main
pour battre les différents temps d'une mesure , soit à deux temps, soit à trois
temps , soit à quatre temps.

Pour battre la mesure à DEUX TEMPS, nous emploierons pour le *premier
temps* le mot *plancher* , et pour le *deuxième* le mot *plafond*, parce que ces deux
mots indiquent que la main doit marquer le premier temps en se dirigeant vers
le plancher et le second en se dirigeant vers le plafond.

Il faut, avant d'aller plus loin, s'exercer à battre la mesure à deux temps,
comme nous venons de l'indiquer, c'est-à-dire frapper le premier temps
sur son genou ou sur une table, en prononçant le mot plancher, et relever la
main pour le deuxième en disant le mot plafond. Il faut suivre rigoureusement,
pour battre la mesure, les conseils donnés ci-dessus.

Pour battre la mesure à TROIS TEMPS, nous emploierons, pour le *premier temps* le mot *plancher*, pour le *deuxième* le mot *droite*, et pour le *troisième*, le mot *plafond*, parce que ces trois mots indiquent que la main doit marquer le premier temps en se dirigeant vers le plancher, le deuxième en se dirigeant à droite, et le troisième en se dirigeant vers le plafond.

Il faut, avant d'aller plus loin, s'exercer à battre la mesure à trois temps, comme nous venons de l'indiquer, c'est-à-dire frapper le *premier temps* sur son genou ou sur une table en disant *plancher*, le *deuxième* à droite en disant le mot *droite*, et relever la main pour le *troisième* en disant le mot *plafond*. Il faut suivre rigoureusement, pour battre la mesure, les conseils donnés ci-dessus.

Pour battre la mesure à QUATRE TEMPS, nous emploierons, pour le *premier temps* le mot *plancher*, pour le *deuxième* le mot *gauche*, pour le *troisième* le mot *droite* et pour le *quatrième* le mot *plafond*, parce que ces quatre mots indiquent que la main doit marquer le premier temps en se dirigeant vers le plancher, le deuxième en se dirigeant à gauche, le troisième en se dirigeant à droite, et le quatrième en se dirigeant vers le plafond.

Il faut, avant d'aller plus loin, s'exercer à battre la mesure à quatre temps comme nous venons de l'indiquer, c'est-à-dire frapper le *premier temps* sur son genou ou sur une table en disant le mot *plancher*, le *deuxième* à gauche en disant le mot *gauche*, le *troisième* à droite en disant le mot *droite*, et le *quatrième* en relevant la main et en disant le mot *plafond*. Il faut suivre rigoureusement, pour battre la mesure, les conseils donnés ci-dessus.

*Étude de la langue des durées.* Lorsque l'on s'est bien exercé à battre la mesure à deux, à trois et à quatre temps, on doit s'exercer, au moyen des tableaux que nous donnons plus bas, à PARLER LA LANGUE DES DURÉES. Chacun de ces tableaux est divisé en plusieurs colonnes : chacune des colonnes doit être étudiée en particulier. Étudiez donc, avec le plus grand soin, la première colonne avant de passer à la seconde, et ainsi de suite jusqu'à la dernière; en un mot, ne quittez une colonne pour étudier la suivante que lorsque vous en serez parfaitement maître. *Ceci est très-important ; le succès facile et prompt de l'étude tient à ce point.*

*Comment on doit étudier chacune des colonnes des deux tableaux ci-dessous.*

1° Il faut s'exercer à dire à haute voix, et à des distances égales, c'est-à dire avec la plus grande régularité, *mais sans battre la mesure avec la main*, les monosyllabes écrits au-dessous des points, gros et petits.

Il faut répéter cet exercice, jusqu'à ce que, à la vue d'une coupe, on puisse dire son nom en mesure, avec facilité, et sans la moindre hésitation.

2° Il faut refaire la même opération ; mais, cette fois, *en marquant avec la main* la mesure à deux, à trois, ou à quatre temps, selon le nombre des temps qui se trouvent dans la colonne.

Nous répétons encore ici qu'il faut avoir soin de déplacer brusquement la main, pour marquer l'origine de chaque temps, afin qu'elle reste complétement immobile à la place qu'elle doit occuper pendant la durée d'un temps à l'autre.

| PREMIÈRE COLONNE. | DEUXIÈME COLONNE. | TROISIÈME COLONNE. | QUATRIÈME COLONN |
|---|---|---|---|
| En étudiant cette colonne, on s'habitue à faire correspondre les mouvements de la main à ceux du gosier. | En étudiant cette colonne, on s'habitue à produire deux mouvements du gosier pour un seul mouvement de la main. | En étudiant cette colonne, on s'habitue à produire quatre mouvements du gosier pour un seul mouvement de la main. | En étudiant cette colonne, s'habitue à produire huit mouvements du gosier pour un seul mouvement de la main. |
| Les temps ne sont pas divisés. | Les temps sont divisés par deux. | Les temps sont divisés par quatre. | Le temps est divisé par huit. |
| 2 mesures à quatre temps. | 1 mesure à quatre temps. | 1 mesure à deux temps. | ¹⁄₂ mesure à deux temps. |
| ta, ta, ta, ta, ta, ta, ta, ta. | ta té, la té, ta té, ta té, | ta fa té fé, ta fa té fé, | ta za fa na té zé fé né |
| ta, ta, a, ta, a, ta, ta, ta, | ta, té a té, a té, ta té, | ta fa é fé, a fa té fé, | ta za a na é zé fé né, |
| ta, ta, a, a, a, a, ta, ta. | ta té, aé, aé, ta té, | ta fa é é, a a té fé, | ta za aa éé fé né, |
| ta, ta, ta, a, a, a, a, ta, | ta té, taé, aé, a té, | ta fa té é aa é fé, | ta za fa a té zé féé, |
| ta, ta, ta, ta, a, ta, a, ta, | ta té, ta té, a té, a té, | ta fa té fé, a fa é fé, | ta za fa na é zé é né, |
| ta, a, ta, ta, a, ta, a, a, | taé, ta té, a té, aé, | ta a té fé, a fa éé, | ta a fa na té é fé né, |
| ta, a, a, ta, a, ta, ta, a, | taé, a té, a té, taé, | ta a é fé, a fa té é | ta a a na té é é né, |
| ta, ta, ta, ta, ta, ta, ta, ta, | ta té, ta té, ta té, ta té, | ta fa té fé, ta fa té fé, | ta za fa na té zé fé né, |
| ta, ta, ta, chu, u, ta, ta, ta, | ta té, ta chu, u té ta té, | ta fa té chu, u fa té fé, | ta za fa chu, té zé fé chu, |
| ta, ta, chu, u, u, u, ta, ta, | ta té, chu u, u u, ta té, | ta fa chu u, u u té fé, | ta za chu u, té zé chu u, |
| ta, ta, chu, ta, chu, u, u, ta, | ta té, chu té, chu u, u té, | ta fa chu fé, chu u u fé, | ta za chu na té zé chu né, |
| ta, chu, u, ta, chu, ta, chu, ta, | ta chu, u té, chu té, chu té, | ta chu u fé, chu fa chu fé, | ta chu u na té chu u né, |
| ta, chu, ta, ta, chu, ta, chu, u, | ta chu, ta té, chu té, chu u, | ta chu té fé, chu fa chu u, | ta chu fa na té chu fé né, |
| ta, chu, ta, chu, u, ta, ta, chu, | ta chu, ta, chu, u té, ta chu, | ta chu té chu u, fa té chu, | ta chu fa chu té chu fé chu |

| 1re COLONNE. | 2e COLONNE. | 3e COLONNE. |
| --- | --- | --- |
| En étudiant cette colonne, on s'habitue à produire trois mo vements du gosier pour un seul mouvement de la main. Les temps sont divisés par trois. | En étudiant cette colonne, on s'habitue à produire six mouvements du gosier pour un seul mouvement de la main. Les temps sont divisés par six. | En étudiant cette colonne, on s'habitue à produire neuf mouvements du gosier, pour un seul mouvement de la main. Les temps sont divisés par neuf. |
| ta té ti, a é ti, | ta fa té fé ti fi, ta fa té fé i fi, | ta ra la té ré lé ti ri li, ta ra la té ré lé i ri li, |
| ta é ti, a té ti, | ta fa té fé ti i, ta fa té é i fi, | ta ra la té ré lé ti i i, ta ra la té é é i ri li, |
| ta é i, a té i, | ta fa té é ti i, ta fa é é i fi, | ta ra la té é é ti i i, ta ra la é é é i ri li, |
| ta té i, a é i, | ta fa té é, ti fi, ta fa é é ti fi, | ta ra la té é é ti ri li, ta ra la é é é ti ri li, |
| ta té ti, chu u ti, | ta a té é ti fi, ta fa é fé ti fi, | ta a a té é é ti ri li, ta ra la é ré lé ti ri li, |
| ta é ti, chu té ti, | ta a té fé ti fi, ta fa é fé ti i, | ta a a té ré lé ti ri li, ta ra la é ré lé ti i i, |
| ta é i, chu té chu, | ta a té fé ti i, ta fa é fé i fi, | ta a a té ré lé ti i i, ta ra la é ré lé i ri li, |
| ta té ti, chu u u, | ta a é fé i fi, ta chu té chu ti chu, | ta a a é ré lé i ri li, ta a a chu ré lé ti ri li, |
| ta té chu, u u u, | ta a é fé ti i, ta a chu fé ti fi, | ta a a é ré lé ti i i, ta a a chu u u ti ri li, |
| ta é chu, u té chu, | ta a é é ti fi, ta a chu u ti fi, | ta a a é ré lé ti ri li, ta a a chu u u u ri li, |
| ta chu u, u té ti, | ta a é é ti fi, ta a chu u u fi, | ta a a é é é ti ri li, chu u u u u u u ri li, |
| ta chu ti, chu u ti, | ta a é é i fi, chu u u u u u fi, | ta a a é é é i ri li, chu u u u u u ti ri li, |
| chu a ti. a é ti, | ta a té é i fi, chu u u u ti fi, | ta a a té é é i ri li, chu u u u » ré lé ti ri li, |
| chu té ti, a té ti, | ta a té fé i ti, chu u u u fé ti fi, | ta a a té ré lé i ri li, chu u u té ré lé ti ri li, |

*Exercices sur les coupes de la première et de la seconde colonne du Tableau général.*

**PREMIER GROUPE.**

| | | | | | | | | | | | | | | | | | | | |
|---|---|---|---|---|---|---|---|---|---|---|---|---|---|---|---|---|---|---|---|
| 1 | 2 | 3 | $\overline{45}$ | 1 | $\overline{23}$ | . | . | $\overline{12}$ | 3 | 4 | $\overline{.5}$ | $\overline{12}$ | $\overline{.3}$ | $\overline{43}$ | 2 | 1 | . | 2 | $\overline{32}$ |
| 1 | 2 | 3 | 2 | 1 | $\overline{23}$ | . | $\overline{.2}$ | $\overline{12}$ | 3 | 2 | . | $\overline{12}$ | $\overline{.3}$ | $\overline{45}$ | $\overline{43}$ | 1 | . | 2 | 3 |
| 1 | 2 | 3 | . | 1 | $\overline{23}$ | $\overline{.4}$ | $\overline{.5}$ | $\overline{12}$ | 3 | 4 | 5 | 1 | $\overline{.2}$ | $\overline{34}$ | $\overline{32}$ | 1 | . | 2 | . |
| 1 | 2 | 3 | $\overline{.2}$ | 1 | $\overline{23}$ | $\overline{.2}$ | . | $\overline{12}$ | 3 | 4 | $\overline{32}$ | 1 | $\overline{.2}$ | $\overline{34}$ | 5 | 1 | . | 2 | $\overline{.3}$ |
| 1 | 2 | . | $\overline{.3}$ | 1 | $\overline{23}$ | $\overline{.4}$ | 5 | $\overline{12}$ | 3 | . | $\overline{45}$ | 1 | $\overline{.2}$ | $\overline{32}$ | . | 1 | . | $\overline{23}$ | $\overline{.2}$ |
| 1 | 2 | . | . | 1 | $\overline{23}$ | $\overline{.4}$ | $\overline{32}$ | $\overline{12}$ | 3 | . | 2 | 1 | $\overline{.2}$ | $\overline{34}$ | $\overline{.5}$ | 1 | . | $\overline{23}$ | . |
| 1 | 2 | . | 3 | $\overline{12}$ | $\overline{34}$ | $\overline{.5}$ | $\overline{43}$ | $\overline{12}$ | 3 | . | . | 1 | $\overline{.2}$ | 3 | $\overline{.2}$ | 1 | . | $\overline{23}$ | 2 |
| 1 | 2 | . | $\overline{32}$ | $\overline{12}$ | $\overline{34}$ | $\overline{.3}$ | 2 | $\overline{12}$ | 3 | . | $\overline{.2}$ | 1 | $\overline{.2}$ | 3 | . | 1 | . | $\overline{23}$ | $\overline{45}$ |
| 1 | 2 | $\overline{.3}$ | $\overline{45}$ | $\overline{12}$ | $\overline{34}$ | $\overline{.5}$ | . | $\overline{12}$ | 3 | $\overline{.4}$ | $\overline{.5}$ | 1 | $\overline{.2}$ | 3 | 2 | $\overline{12}$ | . | $\overline{34}$ | $\overline{32}$ |
| 1 | 2 | $\overline{.3}$ | 2 | $\overline{12}$ | $\overline{34}$ | $\overline{.3}$ | $\overline{.2}$ | $\overline{12}$ | 3 | $\overline{.2}$ | . | 1 | $\overline{.2}$ | 3 | $\overline{45}$ | $\overline{12}$ | . | $\overline{34}$ | 5 |
| 1 | 2 | $\overline{.3}$ | . | $\overline{12}$ | $\overline{34}$ | . | $\overline{.5}$ | $\overline{12}$ | 3 | $\overline{.4}$ | 5 | 1 | $\overline{.2}$ | . | $\overline{32}$ | $\overline{12}$ | . | $\overline{34}$ | . |
| 1 | 2 | $\overline{.3}$ | $\overline{.2}$ | $\overline{12}$ | $.\overline{32}$ | . | . | $\overline{12}$ | 3 | $\overline{.4}$ | $\overline{32}$ | 1 | $\overline{.2}$ | . | 3 | $\overline{12}$ | . | $\overline{34}$ | $\overline{.5}$ |
| 1 | 2 | $\overline{34}$ | $\overline{.5}$ | $\overline{12}$ | $\overline{34}$ | . | 5 | $\overline{12}$ | $\overline{.3}$ | $\overline{.4}$ | $\overline{32}$ | 1 | $\overline{.2}$ | . | . | $\overline{12}$ | . | 3 | $\overline{.2}$ |
| 1 | 2 | $\overline{32}$ | . | $\overline{12}$ | $\overline{34}$ | . | $\overline{32}$ | $\overline{12}$ | $\overline{.3}$ | $\overline{.4}$ | 5 | 1 | $\overline{.2}$ | . | $\overline{.3}$ | $\overline{12}$ | . | 3 | . |
| 1 | 2 | $\overline{34}$ | 5 | $\overline{12}$ | $\overline{34}$ | 5 | $\overline{43}$ | $\overline{12}$ | $\overline{.3}$ | $\overline{.2}$ | . | 1 | $\overline{.2}$ | $\overline{.3}$ | $\overline{.2}$ | $\overline{12}$ | . | 3 | 2 |
| 1 | 2 | $\overline{34}$ | $\overline{32}$ | $\overline{12}$ | $\overline{34}$ | 3 | 2 | $\overline{12}$ | $\overline{.3}$ | $\overline{.4}$ | $\overline{.5}$ | 1 | $\overline{.2}$ | $\overline{.3}$ | . | $\overline{12}$ | . | 3 | $\overline{45}$ |
| 1 | $\overline{23}$ | $\overline{45}$ | $\overline{43}$ | $\overline{12}$ | $\overline{34}$ | 5 | . | $\overline{12}$ | $\overline{.3}$ | . | $\overline{.2}$ | 1 | $\overline{.2}$ | $\overline{.3}$ | 2 | $\overline{12}$ | . | . | $\overline{32}$ |
| 1 | $\overline{23}$ | $\overline{43}$ | 2 | $\overline{12}$ | $\overline{34}$ | 3 | $\overline{.2}$ | $\overline{12}$ | $\overline{.3}$ | . | . | 1 | $\overline{.2}$ | $\overline{.3}$ | $\overline{45}$ | $\overline{12}$ | . | . | 3 |
| 1 | $\overline{23}$ | $\overline{45}$ | . | $\overline{12}$ | $\overline{34}$ | $\overline{54}$ | $\overline{.3}$ | $\overline{12}$ | $\overline{.3}$ | . | 2 | 1 | . | $\overline{.2}$ | $\overline{32}$ | $\overline{12}$ | . | . | . |
| 1 | $\overline{23}$ | $\overline{43}$ | $\overline{.2}$ | $\overline{12}$ | $\overline{34}$ | $\overline{32}$ | . | $\overline{12}$ | $\overline{.3}$ | . | $\overline{45}$ | 1 | . | $\overline{.2}$ | 3 | $\overline{12}$ | . | . | $\overline{.3}$ |
| 1 | $\overline{23}$ | 4 | $\overline{.5}$ | $\overline{12}$ | $\overline{34}$ | $\overline{54}$ | 3 | $\overline{12}$ | $\overline{.3}$ | 4 | $\overline{32}$ | 1 | . | $\overline{.2}$ | . | $\overline{12}$ | . | $\overline{.3}$ | $\overline{.2}$ |
| 1 | $\overline{23}$ | 2 | . | $\overline{12}$ | $\overline{34}$ | $\overline{54}$ | $\overline{32}$ | $\overline{12}$ | $\overline{.3}$ | 4 | 5 | 1 | . | $\overline{.2}$ | $\overline{.3}$ | $\overline{12}$ | . | $\overline{.3}$ | . |
| 1 | $\overline{23}$ | 4 | 5 | $\overline{12}$ | 3 | $\overline{45}$ | $\overline{43}$ | $\overline{12}$ | $\overline{.3}$ | 2 | . | 1 | . | . | $\overline{.2}$ | $\overline{12}$ | . | $\overline{.3}$ | 2 |
| 1 | $\overline{23}$ | 4 | $\overline{32}$ | $\overline{12}$ | 3 | $\overline{43}$ | 2 | $\overline{12}$ | $\overline{.3}$ | 4 | $\overline{.5}$ | 1 | . | . | . | $\overline{12}$ | . | $\overline{.3}$ | $\overline{45}$ |
| 1 | $\overline{23}$ | . | $\overline{45}$ | $\overline{12}$ | 3 | $\overline{45}$ | . | $\overline{12}$ | $\overline{.3}$ | $\overline{43}$ | $\overline{.2}$ | 1 | . | . | 2 | $\overline{12}$ | . | $\overline{.3}$ | $\overline{45}$ |
| 1 | $\overline{23}$ | . | 2 | $\overline{12}$ | 3 | $\overline{43}$ | $\overline{.2}$ | $\overline{12}$ | $\overline{.3}$ | $\overline{45}$ | . | 1 | . | . | $\overline{23}$ | $\overline{12}$ | . | $\overline{.3}$ | 1 |

# PREMIÈRE SÉRIE.
## DIVISION BINAIRE.
### TABLEAU GÉNÉRAL DIS 8 COUPES.
#### PREMIER GROUPE.

| Première colonne. | Deuxième colonne. | Troisième colonne. | Quatrième colonne. |
|---|---|---|---|
| 1234 5432 | 12 34 54 32 | 12 34 54 32 | 12 34 54 32 |
| 1234 5.43 | 12 34 5 43 | 12 34 5 43 | 12 34 5 43 |
| 1234 5432 | 12 34 54 32 | 12 34 54 32 | 12 34 54 32 |
| 1234 543. | 12 34 54 3 | 12 34 54 3 | 12 34 54 3 |
| 1234 32.. | 12 34 32 . | 12 34 32 . | 12 34 32 . |
| 1234 54.3 | 12 34 54 .3 | 12 34 54 .3 | 12 34 54 .3 |
| 1234 3..2 | 12 34 3 .2 | 12 34 3 .2 | 12 34 3 .2 |
| 1234 ...5 | 12 34 . .5 | 12 34 . .5 | 12 34 . .5 |
| 1234 ..32 | 12 34 . 32 | 12 34 . 32 | 12 34 . 32 |
| 1234 .543 | 12 34 .5 43 | 12 34 .5 43 | 12 34 .5 43 |
| 1234 .32. | 12 34 .3 2 | 12 34 .3 2 | 12 34 .3 2 |
| 1234 .5.. | 12 34 .5 . | 12 34 .5 . | 12 34 .5 . |
| 1234 .3.2 | 12 34 .3 .2 | 12 34 .3 .2 | 12 34 .3 .2 |

#### DEUXIÈME GROUPE.

| Première colonne. | Deuxième colonne. | Troisième colonne. | Quatrième colonne. |
|---|---|---|---|
| 1234 5043 | 12 34 50 43 | 12 34 50 43 | 12 34 50 43 |
| 1234 3020 | 12 34 30 20 | 12 34 30 20 | 12 34 30 20 |
| 1234 5430 | 12 34 54 30 | 12 34 54 30 | 12 34 54 30 |
| 1234 3200 | 12 34 32 0 | 12 34 32 0 | 12 34 32 0 |
| 1234 5403 | 12 34 54 03 | 12 34 54 03 | 12 34 54 03 |
| 1234 3002 | 12 34 30 02 | 12 34 30 02 | 12 34 30 02 |
| 1234 0005 | 12 34 0 05 | 12 34 0 05 | 12 34 0 05 |
| 1234 0032 | 12 34 0 32 | 12 34 0 32 | 12 34 0 32 |
| 1234 0543 | 12 34 05 43 | 12 34 05 43 | 12 34 05 43 |
| 1234 0320 | 12 34 03 20 | 12 34 03 20 | 12 34 03 20 |
| 1234 0500 | 12 34 05 0 | 12 34 05 0 | 12 34 05 0 |
| 1234 0302 | 12 34 03 02 | 12 34 03 02 | 12 34 03 02 |

Cette opération ne sera pas plus difficile que la précédente, si l'on veut remarquer que l'articulation des sons, qui remplace la langue des durées, doit être calquée exactement sur la langue qu'elle remplace.

EXEMPLE.
- *Écriture en chiffres* . . . . . . . . . . $\overline{1.}2\ 3\ 4\ \overline{.5}$
- *Première opération, langue des durées.* Ta té ta é ta é a té.
- *Deuxième opération, sons chantés*. . . $\overline{\text{Ut}}$ ré mi¡ fa a $\overline{\text{a sol}}$

On voit que pour chaque note les coups de gosier doivent correspondre exactement aux syllabes de la langue des durées.

3° Il faut battre la mesure en chantant comme nous venons de l'indiquer, c'est-à-dire en faisant correspondre exactement, pour chaque son, les coups de gosier aux syllabes de la langue des durées.

4° Dans la division binaire, on trouvera quelquefois en tête du Tableau l'indication suivante : « Il faut étudier d'abord chaque colonne à *quatre temps*, et ensuite à *deux temps.* » On obtient ce résultat en doublant toutes les durées : l'entier devient deux temps, la moitié un temps, le quart un demi-temps, et le huitième un quart. Il suffit pour faire cela, d'enlever, par la pensée, la barre supérieure qui recouvre les moitiés, les quarts et les huitièmes, ce qui les transforme en entiers, moitiés et quarts ; quand on rencontre des entiers, on les suppose suivis d'un point.

5° Dans la division ternaire, on trouvera quelquefois en tête du Tableau l'indication suivante : « Il faut étudier d'abord chaque colonne en *deux fois trois temps*, puis ensuite à *deux temps.* » On obtient ce résultat en triplant toutes les durées. L'entier devient trois temps, le tiers devient un temps, le sixième un demi-temps, et le neuvième un tiers. Il suffit, pour faire cela, d'enlever, par la pensée, la barre supérieure qui recouvre les tiers, les sixièmes et les neuvièmes, ce qui les transforme en entiers, en moitiés et en tiers. Quand on rencontre des entiers, on les suppose suivis de deux points.

On peut, lorsqu'on s'est rendu parfaitement maître des deux premières colonnes du tableau général, étudier, plus loin, les exercices qui s'y rapportent. On peut donc n'étudier la troisième colonne du tableau général qu'après avoir étudié les exercices qui se rapportent aux deux premières. De même on peut n'étudier la quatrième colonne du tableau général qu'après avoir étudié les exercices qui se rapportent à la troisième.

Dans tous les exercices de mesure qui vont suivre, comme dans tous les exercices d'intonation qui précèdent, on prend l'UT à la hauteur qui permet de faire le plus facilement les exercices.

*Observations importantes sur la maniere d'étudier la mesure.*

*N. B.* il ne faut pas commencer l'étude des exercices de mesure qui vont suivre avant de s'être rendu parfaitement maître des deux tableaux, pages 101 et 102, contenant la langue des durées.

Rappelons ici, comme chose très-importante, que :

1° Lorsqu'une colonne ne contiendra que des *temps non divisés,* on ne fera qu'un *mouvement du gosier* pour chacun des mouvements de la main.

2° Lorsqu'une colonne contiendra un ou plusieurs *temps divisés par deux, tous les temps devront être considérés comme étant divisés par deux ;* on fera donc deux *mouvements du gosier* pour chacun des mouvements de la main.

3° Lorsqu'une colonne contiendra un ou plusieurs *temps divisés par quatre, tous les temps devront être considérés comme étant divisés par quatre ;* on fera donc quatre *mouvements du gosier* pour chacun des mouvements de la main.

4° Lorsqu'une colonne contiendra un ou plusieurs *temps divisés par huit, tous les temps devront être considérés comme étant divisés par huit ;* on fera donc *huit mouvements du gosier* pour chacun des mouvements de la main.

5° Lorsqu'une colonne contiendra un ou plusieurs *temps divisés par trois, tous les temps devront être considérés comme étant divisés par trois ;* on fera donc trois *mouvements du gosier* pour chacun des mouvements de la main.

6° Lorsqu'une colonne contiendra un ou plusieurs *temps divisés par six, tous les temps devront être considérés comme étant divisés par six ;* on fera donc *six mouvements du gosier* pour chacun des mouvements de la main.

7° Lorsqu'une colonne contiendra un ou plusieurs *temps divisés par neuf, tous les temps devront être considérés comme étant divisés par neuf ;* on fera donc *neuf mouvements du gosier* pour chacun des mouvements de la main.

*Comment on doit étudier chacune des colonnes dans les exercices de mesure en chiffres.*

1° Il faut battre la mesure en disant la langue des durées, comme si elle était écrite.

Cette opération ne sera pas difficile si l'on veut remarquer que les chiffres, dans les tableaux qui vont suivre, remplacent les gros points des tableaux précédents, et doivent porter, selon la position qu'ils occupent, les noms que porteraient les gros points dans la même position.

EXEMPLE.  { 1 2  3  .  . 2 |
  Ta té  ta 6  a é  a té.

2° Il faut chanter les notes en mesure, sans battre la mesure avec la main.

DEUXIEME GROUPE.

Group direction arrows (left to right): $\overline{39}\rightarrow$  $\overline{75}\rightarrow$  $\overline{75}\rightarrow$  $\overline{76}\rightarrow$  $\overline{39}\rightarrow$ (master arrow at top: $\overline{39}\rightarrow$)

| | | | | | | | | | | | | | | | | | | | |
|---|---|---|---|---|---|---|---|---|---|---|---|---|---|---|---|---|---|---|---|
| 1 | $\overline{23}$ | $\overline{40}$ | $\overline{32}$ | $\overline{12}$ | 3 | $\overline{43}$ | $\overline{02}$ | $\overline{12}$ | $\overline{.3}$ | $\overline{04}$ | $\overline{32}$ | $\overline{10}$ | $\overline{20}$ | $\overline{03}$ | $\overline{.2}$ | $\overline{12}$ | 0 | 0 | $\overline{32}$ |
| 1 | $\overline{23}$ | $\overline{40}$ | $\overline{50}$ | $\overline{12}$ | 3 | $\overline{40}$ | $\overline{05}$ | $\overline{12}$ | $\overline{.3}$ | $\overline{04}$ | $\overline{50}$ | $\overline{10}$ | $\overline{20}$ | $\overline{03}$ | . | $\overline{12}$ | 0 | 0 | $\overline{03}$ |
| 1 | $\overline{23}$ | $\overline{43}$ | $\overline{20}$ | $\overline{12}$ | 3 | 0 | $\overline{02}$ | $\overline{12}$ | $\overline{.3}$ | $\overline{02}$ | 0 | $\overline{10}$ | $\overline{20}$ | $\overline{03}$ | 2 | $\overline{12}$ | 0 | 3 | $\overline{.2}$ |
| 1 | $\overline{23}$ | $\overline{43}$ | 0 | $\overline{12}$ | 3 | 0 | $\overline{45}$ | $\overline{12}$ | $\overline{.3}$ | $\overline{04}$ | $\overline{05}$ | $\overline{10}$ | $\overline{20}$ | $\overline{03}$ | $\overline{45}$ | $\overline{12}$ | 0 | $\overline{34}$ | $\overline{.5}$ |
| 1 | $\overline{23}$ | $\overline{43}$ | $\overline{02}$ | $\overline{12}$ | 3 | $\overline{04}$ | $\overline{32}$ | 1 | $\overline{.2}$ | $\overline{03}$ | $\overline{02}$ | $\overline{10}$ | $\overline{20}$ | 0 | $\overline{32}$ | $\overline{12}$ | 0 | $\overline{32}$ | . |
| 1 | $\overline{23}$ | $\overline{40}$ | $\overline{03}$ | $\overline{12}$ | 3 | $\overline{04}$ | $\overline{50}$ | 1 | $\overline{.2}$ | $\overline{03}$ | 0 | $\overline{10}$ | $\overline{20}$ | 0 | $\overline{03}$ | $\overline{12}$ | 0 | $\overline{34}$ | 5 |
| 1 | $\overline{23}$ | 0 | $\overline{02}$ | $\overline{12}$ | 3 | $\overline{02}$ | 0 | 1 | $\overline{.2}$ | $\overline{03}$ | $\overline{20}$ | $\overline{10}$ | $\overline{20}$ | 3 | $\overline{.2}$ | $\overline{12}$ | 0 | $\overline{34}$ | $\overline{32}$ |
| 1 | $\overline{23}$ | 0 | $\overline{45}$ | $\overline{12}$ | 3 | $\overline{04}$ | $\overline{05}$ | 1 | $\overline{.2}$ | $\overline{03}$ | $\overline{45}$ | $\overline{10}$ | $\overline{20}$ | $\overline{34}$ | $\overline{.5}$ | $\overline{12}$ | 0 | 3 | $\overline{45}$ |
| 1 | $\overline{23}$ | $\overline{04}$ | $\overline{32}$ | $\overline{12}$ | . | $\overline{03}$ | $\overline{02}$ | 1 | $\overline{.2}$ | 0 | $\overline{32}$ | $\overline{10}$ | $\overline{20}$ | $\overline{32}$ | . | $\overline{12}$ | $\overline{03}$ | 4 | $\overline{32}$ |
| 1 | $\overline{23}$ | $\overline{04}$ | $\overline{50}$ | $\overline{12}$ | . | $\overline{03}$ | 0 | 1 | $\overline{.2}$ | 0 | $\overline{03}$ | $\overline{10}$ | $\overline{20}$ | $\overline{34}$ | 5 | $\overline{12}$ | $\overline{03}$ | $\overline{45}$ | $\overline{43}$ |
| 1 | $\overline{23}$ | $\overline{02}$ | 0 | $\overline{12}$ | . | $\overline{03}$ | $\overline{20}$ | 1 | $\overline{.2}$ | $\overline{30}$ | $\overline{02}$ | $\overline{10}$ | $\overline{20}$ | $\overline{34}$ | $\overline{32}$ | $\overline{12}$ | $\overline{03}$ | $\overline{43}$ | 2 |
| 1 | $\overline{23}$ | $\overline{04}$ | $\overline{05}$ | $\overline{12}$ | . | $\overline{03}$ | $\overline{45}$ | 1 | $\overline{.2}$ | $\overline{34}$ | $\overline{05}$ | $\overline{10}$ | $\overline{20}$ | 3 | $\overline{45}$ | $\overline{12}$ | $\overline{03}$ | $\overline{43}$ | . . |
| $\overline{12}$ | $\overline{34}$ | $\overline{03}$ | $\overline{02}$ | $\overline{12}$ | . | 0 | $\overline{32}$ | 1 | $\overline{.2}$ | $\overline{32}$ | 0 | $\overline{12}$ | $\overline{30}$ | 4 | $\overline{32}$ | $\overline{12}$ | $\overline{03}$ | $\overline{43}$ | $\overline{.2}$ |
| $\overline{12}$ | $\overline{34}$ | $\overline{05}$ | 0 | $\overline{12}$ | . | 0 | $\overline{03}$ | 1 | $\overline{.2}$ | $\overline{34}$ | $\overline{50}$ | $\overline{12}$ | $\overline{30}$ | $\overline{45}$ | $\overline{43}$ | $\overline{12}$ | $\overline{03}$ | 4 | $\overline{.5}$ |
| $\overline{12}$ | $\overline{34}$ | $\overline{04}$ | 2 | $\overline{12}$ | . | $\overline{30}$ | $\overline{02}$ | 1 | $\overline{.2}$ | $\overline{30}$ | $\overline{20}$ | $\overline{12}$ | $\overline{30}$ | $\overline{43}$ | 2 | $\overline{12}$ | $\overline{03}$ | . | $\overline{.2}$ |
| $\overline{12}$ | $\overline{34}$ | $\overline{03}$ | $\overline{20}$ | $\overline{12}$ | . | $\overline{34}$ | $\overline{05}$ | 1 | $\overline{.2}$ | $\overline{30}$ | $\overline{45}$ | $\overline{12}$ | $\overline{30}$ | $\overline{43}$ | . | $\overline{12}$ | $\overline{03}$ | . | $\overline{45}$ |
| $\overline{12}$ | $\overline{34}$ | $\overline{05}$ | $\overline{43}$ | $\overline{12}$ | . | $\overline{32}$ | 0 | $\overline{10}$ | $\overline{23}$ | 4 | $\overline{32}$ | $\overline{12}$ | $\overline{30}$ | $\overline{43}$ | $\overline{.2}$ | $\overline{12}$ | $\overline{03}$ | $\overline{.4}$ | $\overline{32}$ |
| $\overline{12}$ | $\overline{34}$ | 0 | $\overline{05}$ | $\overline{12}$ | . | $\overline{34}$ | $\overline{50}$ | $\overline{10}$ | $\overline{23}$ | $\overline{45}$ | $\overline{43}$ | $\overline{12}$ | $\overline{30}$ | 4 | $\overline{.5}$ | $\overline{12}$ | $\overline{03}$ | $\overline{.4}$ | 5 |
| $\overline{12}$ | $\overline{34}$ | $\overline{30}$ | $\overline{02}$ | $\overline{12}$ | . | $\overline{30}$ | $\overline{20}$ | $\overline{10}$ | $\overline{23}$ | $\overline{43}$ | 2 | $\overline{12}$ | $\overline{30}$ | 0 | $\overline{02}$ | $\overline{12}$ | $\overline{03}$ | $\overline{.2}$ | . |
| $\overline{12}$ | $\overline{34}$ | $\overline{54}$ | $\overline{03}$ | $\overline{12}$ | . | $\overline{30}$ | $\overline{45}$ | $\overline{10}$ | $\overline{23}$ | $\overline{45}$ | . | $\overline{12}$ | $\overline{30}$ | 0 | $\overline{45}$ | $\overline{12}$ | $\overline{03}$ | $\overline{.4}$ | $\overline{.5}$ |
| $\overline{12}$ | $\overline{34}$ | $\overline{32}$ | 0 | $\overline{12}$ | $\overline{.3}$ | $\overline{40}$ | $\overline{32}$ | $\overline{10}$ | $\overline{23}$ | $\overline{43}$ | $\overline{.2}$ | $\overline{12}$ | $\overline{30}$ | $\overline{04}$ | $\overline{32}$ | 1 | $\overline{02}$ | $\overline{.3}$ | $\overline{.2}$ |
| $\overline{12}$ | $\overline{34}$ | $\overline{54}$ | $\overline{30}$ | $\overline{12}$ | $\overline{.3}$ | $\overline{40}$ | $\overline{50}$ | $\overline{10}$ | $\overline{23}$ | 4 | $\overline{.5}$ | $\overline{12}$ | $\overline{30}$ | $\overline{04}$ | 5 | 1 | $\overline{02}$ | $\overline{.3}$ | . |
| $\overline{12}$ | $\overline{34}$ | $\overline{30}$ | $\overline{20}$ | $\overline{12}$ | $\overline{.3}$ | $\overline{43}$ | $\overline{20}$ | $\overline{10}$ | $\overline{23}$ | . | $\overline{.2}$ | $\overline{12}$ | $\overline{30}$ | $\overline{02}$ | . | 1 | $\overline{02}$ | $\overline{.3}$ | 2 |
| $\overline{12}$ | $\overline{34}$ | $\overline{50}$ | $\overline{43}$ | $\overline{12}$ | $\overline{.3}$ | $\overline{45}$ | 0 | $\overline{10}$ | $\overline{23}$ | . | $\overline{45}$ | $\overline{12}$ | $\overline{30}$ | $\overline{04}$ | $\overline{.5}$ | 1 | $\overline{02}$ | $\overline{.3}$ | $\overline{45}$ |
| $\overline{12}$ | 3 | $\overline{40}$ | $\overline{32}$ | $\overline{12}$ | $\overline{.3}$ | $\overline{43}$ | $\overline{02}$ | $\overline{10}$ | $\overline{23}$ | $\overline{.4}$ | $\overline{32}$ | $\overline{12}$ | 0 | $\overline{03}$ | $\overline{.2}$ | 1 | $\overline{02}$ | . | $\overline{32}$ |
| $\overline{12}$ | 3 | $\overline{40}$ | $\overline{50}$ | $\overline{12}$ | $\overline{.3}$ | $\overline{40}$ | $\overline{05}$ | $\overline{10}$ | $\overline{23}$ | $\overline{.4}$ | 5 | $\overline{12}$ | 0 | $\overline{03}$ | . | 1 | $\overline{02}$ | . | $\overline{.3}$ |
| $\overline{12}$ | 3 | $\overline{43}$ | $\overline{20}$ | $\overline{12}$ | $\overline{.3}$ | 0 | $\overline{02}$ | $\overline{10}$ | $\overline{23}$ | $\overline{.2}$ | . | $\overline{12}$ | 0 | $\overline{03}$ | 2 | 1 | $\overline{02}$ | 3 | $\overline{.2}$ |
| $\overline{12}$ | 3 | $\overline{45}$ | 0 | $\overline{12}$ | $\overline{.3}$ | 0 | $\overline{45}$ | $\overline{10}$ | $\overline{23}$ | $\overline{.4}$ | $\overline{.5}$ | $\overline{12}$ | 0 | $\overline{03}$ | $\overline{45}$ | 1 | $\overline{02}$ | $\overline{34}$ | $\overline{.5}$ |

## TROISIÈME GROUPE.

| → | | | | → | | | | → | | | | → | | | | → | | | |
|---|---|---|---|---|---|---|---|---|---|---|---|---|---|---|---|---|---|---|---|
| 1 | $\overline{02}$ | $\overline{32}$ | . | $\overline{04}$ | $\overline{23}$ | 4 | $\overline{32}$ | $\overline{04}$ | $\overline{02}$ | 3 | $\overline{45}$ | 0 | $\overline{12}$ | $\overline{34}$ | $\overline{05}$ | $\overline{01}$ | 2 | $\overline{03}$ | $\overline{45}$ |
| 1 | $\overline{02}$ | $\overline{34}$ | 5 | $\overline{04}$ | $\overline{23}$ | $\overline{45}$ | $\overline{43}$ | $\overline{01}$ | $\overline{02}$ | $\overline{34}$ | $\overline{32}$ | 0 | $\overline{12}$ | $\overline{30}$ | $\overline{02}$ | $\overline{01}$ | 2 | $\overline{03}$ | 2 |
| 1 | $\overline{02}$ | $\overline{34}$ | $\overline{32}$ | $\overline{04}$ | $\overline{23}$ | $\overline{43}$ | 2 | $\overline{04}$ | $\overline{02}$ | $\overline{34}$ | 5 | 0 | $\overline{12}$ | 0 | $\overline{03}$ | $\overline{01}$ | 2 | $\overline{03}$ | 0 |
| 1 | $\overline{02}$ | 3 | $\overline{45}$ | $\overline{01}$ | $\overline{23}$ | $\overline{45}$ | . | $\overline{01}$ | $\overline{02}$ | $\overline{32}$ | . | 0 | $\overline{12}$ | 0 | $\overline{32}$ | $\overline{01}$ | 2 | $\overline{03}$ | $\overline{02}$ |
| 0 | $\overline{01}$ | 2 | $\overline{32}$ | $\overline{01}$ | $\overline{23}$ | $\overline{43}$ | $.\overline{2}$ | $\overline{01}$ | $\overline{02}$ | $\overline{34}$ | $.\overline{5}$ | 0 | $\overline{12}$ | $\overline{03}$ | $\overline{45}$ | $\overline{04}$ | 0 | $\overline{02}$ | $\overline{03}$ |
| 0 | $\overline{01}$ | $\overline{23}$ | $\overline{45}$ | $\overline{01}$ | $\overline{23}$ | 4 | $.\overline{5}$ | $\overline{01}$ | $\overline{02}$ | 3 | $.\overline{2}$ | 0 | $\overline{12}$ | $\overline{03}$ | 2 | $\overline{04}$ | 0 | $\overline{02}$ | 0 |
| 0 | $\overline{01}$ | $\overline{23}$ | 2 | $\overline{01}$ | $\overline{23}$ | . | $.\overline{2}$ | $\overline{01}$ | $\overline{02}$ | . | $.\overline{3}$ | 0 | $\overline{12}$ | $\overline{03}$ | 0 | $\overline{04}$ | 0 | $\overline{02}$ | 3 |
| 0 | $\overline{01}$ | $\overline{23}$ | . | $\overline{01}$ | $\overline{23}$ | . | $\overline{45}$ | $\overline{01}$ | $\overline{02}$ | . | $\overline{32}$ | 0 | $\overline{12}$ | $\overline{03}$ | $\overline{02}$ | $\overline{04}$ | 0 | $\overline{02}$ | $\overline{32}$ |
| 0 | $\overline{01}$ | $\overline{23}$ | $.\overline{2}$ | $\overline{01}$ | $\overline{23}$ | $.\overline{4}$ | $\overline{32}$ | $\overline{01}$ | $\overline{02}$ | $.\overline{3}$ | $\overline{45}$ | $\overline{01}$ | $\overline{23}$ | $\overline{04}$ | $\overline{05}$ | $\overline{04}$ | 0 | 0 | $\overline{23}$ |
| 0 | $\overline{01}$ | 2 | $.\overline{3}$ | $\overline{01}$ | $\overline{23}$ | $.\overline{4}$ | 5 | $\overline{01}$ | $\overline{02}$ | $.\overline{3}$ | 2 | $\overline{01}$ | $\overline{23}$ | $\overline{02}$ | 0 | $\overline{04}$ | 0 | 0 | $\overline{02}$ |
| 0 | $\overline{01}$ | . | $.\overline{2}$ | $\overline{01}$ | $\overline{23}$ | $.\overline{2}$ | . | $\overline{01}$ | $\overline{02}$ | $.\overline{3}$ | . | $\overline{01}$ | $\overline{23}$ | $\overline{04}$ | 5 | $\overline{04}$ | 0 | $\overline{20}$ | $\overline{03}$ |
| 0 | $\overline{01}$ | . | $\overline{23}$ | $\overline{01}$ | $\overline{23}$ | $.\overline{4}$ | $.\overline{5}$ | $\overline{01}$ | $\overline{02}$ | $.\overline{3}$ | $.\overline{2}$ | $\overline{01}$ | $\overline{23}$ | $\overline{04}$ | $\overline{32}$ | $\overline{04}$ | 0 | $\overline{23}$ | $\overline{02}$ |
| 0 | $\overline{01}$ | $.\overline{2}$ | $\overline{32}$ | $\overline{01}$ | 2 | $.\overline{3}$ | $.\overline{2}$ | 0 | $\overline{04}$ | $\overline{02}$ | $\overline{03}$ | $\overline{01}$ | $\overline{23}$ | 0 | $\overline{45}$ | $\overline{04}$ | 0 | $\overline{23}$ | 0 |
| 0 | $\overline{01}$ | $.\overline{2}$ | 3 | $\overline{01}$ | 2 | $.\overline{3}$ | . | 0 | $\overline{04}$ | $\overline{02}$ | 0 | $\overline{01}$ | $\overline{23}$ | 0 | $\overline{02}$ | $\overline{04}$ | 0 | $\overline{23}$ | $\overline{20}$ |
| 0 | $\overline{01}$ | $.\overline{2}$ | . | $\overline{01}$ | 2 | $.\overline{3}$ | 2 | 0 | $\overline{01}$ | $\overline{02}$ | 3 | $\overline{01}$ | $\overline{23}$ | $\overline{40}$ | $\overline{05}$ | $\overline{04}$ | 0 | $\overline{20}$ | $\overline{30}$ |
| 0 | $\overline{01}$ | $.\overline{2}$ | $.\overline{3}$ | $\overline{01}$ | 2 | $.\overline{3}$ | $\overline{45}$ | 0 | $\overline{04}$ | $\overline{02}$ | $\overline{32}$ | $\overline{01}$ | $\overline{23}$ | $\overline{43}$ | $\overline{02}$ | $\overline{04}$ | 0 | $\overline{20}$ | $\overline{32}$ |
| 0 | $\overline{12}$ | $.\overline{3}$ | $.\overline{2}$ | $\overline{01}$ | 2 | . | $\overline{32}$ | 0 | $\overline{01}$ | 0 | $\overline{23}$ | $\overline{01}$ | $\overline{23}$ | $\overline{45}$ | 0 | $\overline{04}$ | $\overline{02}$ | $\overline{30}$ | $\overline{45}$ |
| 0 | $\overline{12}$ | $.\overline{3}$ | . | $\overline{01}$ | 2 | . | $.\overline{3}$ | 0 | $\overline{01}$ | 0 | $\overline{02}$ | $\overline{01}$ | $\overline{23}$ | $\overline{43}$ | $\overline{20}$ | $\overline{04}$ | $\overline{02}$ | $\overline{30}$ | $\overline{20}$ |
| 0 | $\overline{12}$ | $.\overline{3}$ | 2 | $\overline{01}$ | 2 | 3 | $.\overline{2}$ | 0 | $\overline{01}$ | $\overline{20}$ | $\overline{03}$ | $\overline{01}$ | $\overline{23}$ | $\overline{40}$ | $\overline{50}$ | $\overline{04}$ | $\overline{02}$ | $\overline{34}$ | $\overline{50}$ |
| 0 | $\overline{12}$ | $.\overline{3}$ | $\overline{45}$ | $\overline{01}$ | 2 | $\overline{34}$ | $.\overline{5}$ | 0 | $\overline{01}$ | $\overline{23}$ | $\overline{02}$ | $\overline{01}$ | $\overline{23}$ | $\overline{40}$ | $\overline{32}$ | $\overline{04}$ | $\overline{02}$ | $\overline{32}$ | 0 |
| 0 | $\overline{12}$ | . | $\overline{32}$ | $\overline{01}$ | 2 | $\overline{32}$ | . | 0 | $\overline{01}$ | $\overline{23}$ | 0 | $\overline{01}$ | 2 | $\overline{30}$ | $\overline{45}$ | $\overline{01}$ | $\overline{02}$ | $\overline{34}$ | $\overline{05}$ |
| 0 | $\overline{12}$ | . | $.\overline{3}$ | $\overline{01}$ | 2 | $\overline{34}$ | 5 | 0 | $\overline{01}$ | $\overline{20}$ | $\overline{32}$ | $\overline{01}$ | 2 | $\overline{30}$ | $\overline{20}$ | $\overline{01}$ | $\overline{02}$ | $\overline{30}$ | $\overline{02}$ |
| 0 | $\overline{12}$ | 3 | $.\overline{2}$ | $\overline{01}$ | 2 | $\overline{34}$ | $\overline{32}$ | 0 | $\overline{01}$ | $\overline{20}$ | $\overline{30}$ | $\overline{01}$ | 2 | $\overline{34}$ | $\overline{50}$ | $\overline{01}$ | $\overline{02}$ | 0 | $\overline{03}$ |
| 0 | $\overline{12}$ | $\overline{34}$ | $.\overline{5}$ | $\overline{01}$ | 2 | 3 | $\overline{45}$ | 0 | $\overline{01}$ | $\overline{20}$ | $\overline{32}$ | $\overline{01}$ | 2 | $\overline{32}$ | 0 | $\overline{01}$ | $\overline{02}$ | 0 | $\overline{32}$ |
| 0 | $\overline{12}$ | $\overline{32}$ | . | $\overline{01}$ | 0 | 2 | $\overline{32}$ | 0 | $\overline{12}$ | $\overline{30}$ | $\overline{45}$ | $\overline{01}$ | 2 | $\overline{34}$ | $\overline{05}$ | $\overline{01}$ | $\overline{02}$ | $\overline{03}$ | $\overline{45}$ |
| 0 | $\overline{12}$ | $\overline{34}$ | 5 | $\overline{01}$ | 0 | $\overline{23}$ | $\overline{45}$ | 0 | $\overline{12}$ | $\overline{30}$ | $\overline{20}$ | $\overline{01}$ | 2 | $\overline{30}$ | $\overline{02}$ | $\overline{01}$ | $\overline{02}$ | $\overline{03}$ | 2 |
| 0 | $\overline{12}$ | $\overline{34}$ | $\overline{32}$ | $\overline{01}$ | 0 | $\overline{23}$ | 2 | 0 | $\overline{12}$ | $\overline{34}$ | $\overline{50}$ | $\overline{01}$ | 2 | 0 | $\overline{03}$ | $\overline{01}$ | $\overline{02}$ | $\overline{03}$ | 0 |
| 0 | $\overline{12}$ | 3 | $\overline{45}$ | $\overline{01}$ | 0 | $\overline{23}$ | . | 0 | $\overline{12}$ | $\overline{32}$ | 0 | $\overline{01}$ | 2 | 0 | $\overline{32}$ | $\overline{01}$ | $\overline{02}$ | $\overline{03}$ | $\overline{02}$ |

## QUATRIÈME GROUPE, À TROIS TEMPS

| → | | | → | | | → | | | → | | | → | | | → | | |
|---|---|---|---|---|---|---|---|---|---|---|---|---|---|---|---|---|---|
| 1 | 2 | $\overline{32}$ | $\overline{12}$ | . | $\overline{32}$ | $\overline{12}$ | $\overline{30}$ | $\overline{45}$ | 1 | $\overline{02}$ | 0 | $\overline{10}$ | 2 | 3 | 0 | 0 | $\overline{12}$ |
| 1 | 2 | 3 | $\overline{12}$ | . | 3 | $\overline{12}$ | $\overline{30}$ | 2 | 1 | $\overline{02}$ | $\overline{30}$ | $\overline{10}$ | 2 | $\overline{32}$ | 0 | 0 | 1 |
| 1 | 2 | . | $\overline{12}$ | . | . | $\overline{12}$ | $\overline{30}$ | $\overline{20}$ | 1 | $\overline{02}$ | $.\overline{3}$ | $\overline{10}$ | $\overline{23}$ | $\overline{45}$ | 0 | 0 | $\overline{10}$ |
| 1 | 2 | $.\overline{3}$ | $\overline{12}$ | . | $.\overline{3}$ | $\overline{12}$ | $\overline{30}$ | 0 | 1 | $\overline{02}$ | . | $\overline{10}$ | $\overline{23}$ | 2 | 0 | 0 | 0 |
| 1 | 2 | $\overline{30}$ | $\overline{12}$ | . | $\overline{30}$ | $\overline{12}$ | $\overline{30}$ | $\overline{02}$ | 1 | $\overline{02}$ | 3 | $\overline{10}$ | $\overline{23}$ | . | 0 | 0 | $\overline{01}$ |
| 1 | 2 | 0 | $\overline{12}$ | . | 0 | 1 | $\overline{20}$ | $\overline{03}$ | 1 | $\overline{02}$ | $\overline{32}$ | $\overline{10}$ | $\overline{23}$ | $.\overline{2}$ | 0 | $\overline{01}$ | $\overline{02}$ |
| 1 | 2 | $\overline{03}$ | $\overline{12}$ | . | $\overline{03}$ | 1 | $\overline{20}$ | 0 | $\overline{10}$ | $\overline{02}$ | $\overline{32}$ | $\overline{10}$ | $\overline{23}$ | $\overline{20}$ | 0 | $\overline{01}$ | 0 |
| 1 | $\overline{23}$ | $\overline{02}$ | 1 | . | $\overline{02}$ | 1 | $\overline{20}$ | 0 | $\overline{10}$ | $\overline{02}$ | 3 | $\overline{10}$ | $\overline{23}$ | 0 | 0 | $\overline{01}$ | $\overline{20}$ |
| 1 | $\overline{23}$ | 0 | 1 | . | 0 | 1 | $\overline{20}$ | $\overline{30}$ | $\overline{10}$ | $\overline{02}$ | . | $\overline{10}$ | $\overline{23}$ | $\overline{02}$ | 0 | $\overline{01}$ | $.\overline{2}$ |
| 1 | $\overline{23}$ | $\overline{20}$ | 1 | . | $\overline{20}$ | 1 | $\overline{20}$ | $\overline{32}$ | $\overline{10}$ | $\overline{02}$ | $.\overline{3}$ | 0 | $\overline{12}$ | $\overline{03}$ | 0 | $\overline{01}$ | . |
| 1 | $\overline{23}$ | $.\overline{2}$ | 1 | . | $.\overline{2}$ | 1 | 0 | $\overline{23}$ | $\overline{10}$ | $\overline{02}$ | $\overline{30}$ | 0 | $\overline{12}$ | 0 | 0 | $\overline{01}$ | 2 |
| 1 | $\overline{23}$ | . | 1 | . | . | 1 | 0 | 2 | $\overline{10}$ | $\overline{02}$ | 0 | 0 | $\overline{12}$ | $\overline{30}$ | 0 | $\overline{01}$ | $\overline{23}$ |
| 1 | $\overline{23}$ | 2 | 1 | . | 2 | 1 | 0 | $\overline{20}$ | $\overline{10}$ | $\overline{02}$ | $\overline{03}$ | 0 | $\overline{12}$ | $.\overline{3}$ | $\overline{01}$ | $\overline{23}$ | $\overline{45}$ |
| 1 | $\overline{23}$ | $\overline{45}$ | 1 | . | $\overline{23}$ | 1 | 0 | 0 | $\overline{10}$ | 0 | $\overline{02}$ | 0 | $\overline{12}$ | . | $\overline{01}$ | $\overline{23}$ | 2 |
| $\overline{12}$ | $\overline{34}$ | $\overline{32}$ | 1 | $.\overline{2}$ | $\overline{32}$ | 1 | 0 | $\overline{02}$ | $\overline{10}$ | 0 | 0 | 0 | $\overline{12}$ | 3 | $\overline{01}$ | $\overline{23}$ | . |
| $\overline{12}$ | $\overline{34}$ | 5 | 1 | $.\overline{2}$ | 3 | $\overline{12}$ | 0 | $\overline{03}$ | $\overline{10}$ | 0 | $\overline{20}$ | 0 | $\overline{12}$ | $\overline{32}$ | $\overline{01}$ | $\overline{23}$ | $.\overline{2}$ |
| $\overline{12}$ | $\overline{32}$ | . | 1 | $.\overline{2}$ | . | $\overline{12}$ | 0 | 0 | $\overline{10}$ | 0 | 2 | 0 | 1 | $\overline{23}$ | $\overline{01}$ | $\overline{23}$ | $\overline{20}$ |
| $\overline{12}$ | $\overline{34}$ | $.\overline{5}$ | 1 | $.\overline{2}$ | $.\overline{3}$ | $\overline{12}$ | 0 | $\overline{30}$ | $\overline{10}$ | 0 | $\overline{23}$ | 0 | 1 | 2 | $\overline{01}$ | $\overline{23}$ | 0 |
| $\overline{12}$ | $\overline{34}$ | $\overline{50}$ | 1 | $.\overline{2}$ | $\overline{30}$ | $\overline{12}$ | 0 | 3 | $\overline{10}$ | $\overline{20}$ | $\overline{32}$ | 0 | 1 | . | $\overline{01}$ | $\overline{23}$ | $\overline{02}$ |
| $\overline{12}$ | $\overline{32}$ | 0 | 1 | $.\overline{2}$ | 0 | $\overline{12}$ | 0 | $\overline{32}$ | $\overline{10}$ | $\overline{20}$ | 3 | 0 | 1 | $.\overline{2}$ | $\overline{01}$ | 2 | $\overline{03}$ |
| $\overline{12}$ | $\overline{34}$ | $\overline{05}$ | 1 | $.\overline{2}$ | $\overline{03}$ | $\overline{12}$ | $\overline{03}$ | $\overline{45}$ | $\overline{10}$ | $\overline{20}$ | $\overline{30}$ | 0 | 1 | $\overline{20}$ | $\overline{01}$ | 2 | 0 |
| $\overline{12}$ | 3 | $\overline{02}$ | $\overline{12}$ | $.\overline{3}$ | $\overline{02}$ | $\overline{12}$ | $\overline{03}$ | 2 | $\overline{10}$ | $\overline{20}$ | 0 | 0 | 1 | 0 | $\overline{01}$ | 2 | $\overline{30}$ |
| $\overline{12}$ | 3 | 0 | $\overline{12}$ | $.\overline{3}$ | 0 | $\overline{12}$ | $\overline{03}$ | . | $\overline{10}$ | $\overline{20}$ | $\overline{03}$ | 0 | 1 | $\overline{02}$ | $\overline{01}$ | 2 | $.\overline{3}$ |
| $\overline{12}$ | 3 | $\overline{20}$ | $\overline{12}$ | $.\overline{3}$ | $\overline{20}$ | $\overline{12}$ | $\overline{03}$ | $.\overline{2}$ | $\overline{10}$ | 2 | $\overline{03}$ | 0 | $\overline{10}$ | $\overline{02}$ | $\overline{01}$ | 2 | . |
| $\overline{12}$ | 3 | $.\overline{2}$ | $\overline{12}$ | $.\overline{3}$ | $.\overline{2}$ | $\overline{12}$ | $\overline{03}$ | $\overline{20}$ | $\overline{10}$ | 2 | 0 | 0 | $\overline{10}$ | 0 | $\overline{01}$ | 2 | 3 |
| $\overline{12}$ | 3 | . | $\overline{12}$ | $.\overline{3}$ | | $\overline{12}$ | $\overline{03}$ | 0 | $\overline{10}$ | 2 | $\overline{30}$ | 0 | $\overline{10}$ | $\overline{20}$ | $\overline{01}$ | 2 | $\overline{32}$ |
| $\overline{12}$ | 3 | 2 | $\overline{12}$ | $.\overline{3}$ | 2 | $\overline{12}$ | $\overline{03}$ | $\overline{02}$ | $\overline{10}$ | 2 | $.\overline{3}$ | 0 | $\overline{10}$ | 2 | $\overline{01}$ | $\overline{20}$ | $\overline{32}$ |
| $\overline{12}$ | 3 | $\overline{45}$ | $\overline{12}$ | $.\overline{3}$ | $\overline{45}$ | $\overline{12}$ | $\overline{03}$ | $\overline{02}$ | $\overline{10}$ | 2 | . | 0 | $\overline{10}$ | $\overline{23}$ | $\overline{01}$ | $\overline{20}$ | 1 |

*Exercices sur les coupes de la deuxième et de la troisième colonne du Tableau général.*

### PREMIER GROUPE.

Il faut étudier d'abord chaque colonne à quatre temps et ensuite à deux.

| | | | | | | | | | |
|---|---|---|---|---|---|---|---|---|---|
| 12 | 32 | 1 2 | 3 45 | 1 23 | 4 32 | 12 34 | 54 3 | 12 .3 | . |
| 12 | 3 | 1 2 | 3 2 | 1 23 | . 45 | 12 34 | 54 32 | 12 .3 | 4 5 |
| 12 | . | 1 2 | 3 | 1 23 | . 2 | 12 3 | 45 43 | 12 .3 | . 45 |
| 12 | .3 | 1 2 | 3 .2 | 1 23 | . | 12 3 | 43 2 | 12 .3 | 4 32 |
| 12 | 30 | 1 2 | . .3 | 1 23 | . .2 | 12 3 | 45 . | 12 .3 | 4 5 |
| 12 | 0 | 1 2 | . | 1 23 | .4 .5 | 12 3 | 43 .. | 12 .3 | 2 |
| 12 | 03 | 1 2 | . 3 | 1 23 | .2 . | 12 3 | 4 .5 | 12 .3 | 4 .5 |
| 1 | 02 | 1 2 | . 32 | 1 23 | .4 5 | 12 3 | 2 | 12 .3 | 43 .2 |
| 1 | 0 | 1 2 | .3 45 | 1 23 | .4 32 | 12 3 | 4 5 | 12 .3 | 45 . |
| 1 | 20 | 1 2 | .3 2 | 12 34 | .5 43 | 12 3 | 4 32 | 12 .3 | 43 2 |
| 1 | .2 | 1 2 | .3 . | 12 34 | .3 2 | 12 3 | . 45 | 12 .3 | 45 43 |
| 1 | . | 1 2 | .3 .2 | 12 34 | .5 . | 12 3 | . 2 | 1 .2 | 34 32 |
| 1 | 2 | 1 2 | 34 .5 | 12 34 | .3 .2 | 12 3 | . | 1 .2 | 34 5 |
| 1 | 23 | 1 2 | 32 . | 12 34 | . .5 | 12 3 | . .2 | 1 .2 | 32 . |
| 10 | 23 | 1 2 | 34 5 | 12 34 | . | 12 3 | .4 .5 | 1 .2 | 34 .5 |
| 10 | 2 | 1 2 | 34 32 | 12 34 | . 5 | 12 3 | .2 . | 1 .2 | 3 .2 |
| 10 | 20 | 1 23 | 45 43 | 12 34 | . 32 | 12 3 | .4 5 | 1 .2 | 3 |
| 10 | 0 | 1 23 | 43 2 | 12 34 | 5 43 | 12 3 | .4 32 | 1 .2 | 3 2 |
| 10 | 02 | 1 23 | 45 . | 12 34 | 3 2 | 12 .3 | .4 32 | 1 .2 | 3 45 |
| 01 | .2 | 1 23 | 43 .2 | 12 34 | 5 | 12 .3 | .4 5 | 1 .2 | . 32 |
| 01 | . | 1 23 | 4 .5 | 12 34 | 3 .2 | 12 .3 | .2 . | 1 .2 | . 3 |
| 01 | 2 | 1 23 | 2 | 12 34 | 54 .3 | 12 .3 | .4 .5 | 1 .2 | . |
| 01 | 23 | 1 23 | 4 5 | 12 34 | 12 . | 32 .3 | . .2 | 1 .2 | . .3 |

## DEUXIÈME GROUPE,

Il faut étudier d'abor.. chaque colonne à quatre temps et ensuite à deux.

| | | | | | | | | | |
|---|---|---|---|---|---|---|---|---|---|
| 1 .2 | .3 .2 | 12 . | 34 .5 | 12 . | 03 0 | 1 .2 | 03 20 | 12 34 | 05 43 |
| 1 .2 | .3 . | 12 . | 3 .2 | 12 . | 03 02 | 1 .2 | 03 0 | 12 34 | 03 20 |
| 1 .2 | .3 2 | 12 . | 3 | 12 .3 | 04 05 | 1 .2 | 03 02 | 12 34 | 05 0 |
| 1 .2 | .3 45 | 12 . | 3 2 | 12 .3 | 02 0 | 1 23 | 04 05 | 12 34 | 03 02 |
| 1 | .2 32 | 12 . | 3 45 | 12 .3 | 04 50 | 1 23 | 02 0 | 12 3 | 04 05 |
| 1 | .2 3 | 12 . | . 32 | 12 .3 | 04 32 | 1 23 | 04 50 | 12 3 | 02 0 |
| 1 | .2 . | 12 . | . 3 | 12 .3 | 0 45 | 1 23 | 04 32 | 12 3 | 04 50 |
| 1 | .2 .3 | 12 . | . | 12 .3 | 0 02 | 1 23 | 0 45 | 12 3 | 04 32 |
| 1 | . .2 | 12 . | . 3 | 12 .3 | 40 05 | 1 23 | 0 02 | 12 3 | 0 45 |
| 1 | . | 12 . | .3 .2 | 12 .3 | 43 02 | 1 23 | 40 05 | 12 3 | 0 02 |
| 1 | . 2 | 12 . | .3 . | 12 .3 | 45 0 | 1 23 | 43 02 | 12 3 | 40 05 |
| 1 | . 23 | 12 . | .3 2 | 12 .3 | 43 20 | 1 23 | 45 0 | 12 3 | 43 02 |
| 1 | 2 32 | 12 . | .3 45 | 12 .3 | 40 50 | 1 23 | 43 20 | 12 3 | 45 0 |
| 1 | 2 3 | 12 . | 30 45 | 12 .3 | 40 32 | 1 23 | 40 50 | 12 3 | 43 20 |
| 1 | 2 | 12 . | 30 20 | 1 .2 | 30 45 | 1 23 | 40 32 | 12 3 | 40 50 |
| 1 | 2 .3 | 12 . | 34 50 | 1 .2 | 30 20 | 12 34 | 50 45 | 12 3 | 40 32 |
| 1 | 23 .2 | 12 . | 32 0 | 1 .2 | 34 50 | 12 34 | 30 20 | 12 30 | 4 32 |
| 1 | 23 . | 12 . | 34 05 | 1 .2 | 32 0 | 12 34 | 54 30 | 12 30 | 45 43 |
| 1 | 23 2 | 12 . | 30 02 | 1 .2 | 34 05 | 12 34 | 32 0 | 12 30 | 45 2 |
| 1 | 23 45 | 12 . | 0 03 | 1 .2 | 30 02 | 12 34 | 54 03 | 12 30 | 45 . |
| 12 . | 34 32 | 12 . | 0 32 | 1 .2 | 0 05 | 12 34 | 30 02 | 12 30 | 43 .2 |
| 12 . | 34 5 | 12 . | 03 45 | 1 .2 | 0 32 | 12 34 | 0 03 | 12 30 | 4 .3 |
| 12 . | 32 . | 12 . | 03 20 | 1 2 | 03 45 | 12 34 | 0 32 | 12 30 | 0 02 |

## TROISIÈME GROUPE.

Il faut étudier d'abord chaque colonne à quatre temps et ensuite à deux.

|  |  |  |  |  |  |  |  |  |  |  |  |  |  |  |  |  |  |  |  |
|---|---|---|---|---|---|---|---|---|---|---|---|---|---|---|---|---|---|---|---|
| 12 | 30 | 0 | 45 | 12 | 03 | . | .2 | 10 | 23 | 4 | .5 | 0 | 01 | 23 | .2 | 01 | 23 | 45 | . |
| 12 | 30 | 04 | 32 | 12 | 03 | . | 45 | 10 | 23 | . | .2 | 0 | 01 | 2 | .3 | 01 | 23 | 43 | .2 |
| 12 | 30 | 04 | 5 | 12 | 03 | .4 | 32 | 10 | 23 | . | 45 | 0 | 01 | . | .2 | 01 | 23 | 4 | .5 |
| 12 | 30 | 02 | . | 12 | 03 | .4 | 5 | 10 | 23 | .4 | 32 | 0 | 01 | . | 23 | 04 | 23 | . | .2 |
| 12 | 30 | 04 | .5 | 12 | 03 | .2 | . | 10 | 23 | .4 | 5 | 0 | 01 | .2 | 32 | 01 | 23 | . | 45 |
| 12 | 0 | 03 | .2 | 12 | 03 | .4 | .5 | 10 | 23 | .2 | . | 0 | 01 | .2 | 3 | 04 | 23 | .4 | 32 |
| 12 | 0 | 03 | . | 1 | 02 | .3 | .2 | 10 | 23 | .4 | .5 | 0 | 01 | .2 | . | 01 | 23 | .4 | 5 |
| 12 | 0 | 03 | 2 | 1 | 02 | .3 | . | 10 | 20 | 03 | .2 | 0 | 01 | .2 | .3 | 01 | 23 | .2 | . |
| 12 | 0 | 03 | 45 | 1 | 02 | .3 | 2 | 10 | 20 | 03 | . | 0 | 12 | .3 | .2 | 01 | 23 | .4 | .5 |
| 12 | 0 | 0 | 32 | 1 | 02 | .3 | 45 | 10 | 20 | 03 | 2 | 0 | 12 | .3 | . | 01 | 2 | .3 | .2 |
| 12 | 0 | 0 | 03 | 1 | 02 | . | 32 | 10 | 20 | 03 | 45 | 0 | 12 | .3 | 2 | 01 | 2 | .3 | . |
| 12 | 0 | 3 | .2 | 1 | 02 | . | .3 | 10 | 20 | 0 | 32 | 0 | 12 | .3 | 45 | 01 | 2 | .3 | 2 |
| 12 | 0 | 34 | .5 | 1 | 02 | 3 | .2 | 10 | 20 | 0 | 03 | 0 | 12 | . | 32 | 01 | 2 | .3 | 45 |
| 12 | 0 | 32 | . | 1 | 02 | 34 | .5 | 10 | 20 | 3 | .2 | 0 | 12 | . | .3 | 01 | 2 | . | 32 |
| 12 | 0 | 34 | 5 | 1 | 02 | 32 | . | 10 | 20 | 34 | .5 | 0 | 12 | 3 | .2 | 01 | 2 | . | .3 |
| 12 | 0 | 34 | 32 | 1 | 02 | 34 | 5 | 10 | 20 | 32 | . | 0 | 12 | 34 | .5 | 01 | 2 | 3 | .2 |
| 12 | 0 | 3 | 45 | 1 | 02 | 34 | 32 | 10 | 20 | 34 | 5 | 0 | 12 | 32 | . | 01 | 2 | 34 | .5 |
| 12 | 03 | 4 | 32 | 1 | 02 | 3 | 45 | 10 | 20 | 34 | 32 | 0 | 12 | 34 | 5 | 01 | 2 | 32 | . |
| 12 | 03 | 45 | 43 | 10 | 23 | 4 | 32 | 10 | 20 | 3 | 45 | 0 | 12 | 34 | 32 | 01 | 2 | 34 | 5 |
| 12 | 03 | 43 | 2 | 10 | 23 | 45 | 43 | 0 | 01 | 2 | 32 | 0 | 12 | 3 | 45 | 01 | 2 | 34 | 32 |
| 12 | 03 | 45 | . | 10 | 23 | 43 | 2 | 0 | 01 | 23 | 45 | 01 | 23 | 4 | 32 | 01 | 2 | 3 | 45 |
| 12 | 03 | 43 | .2 | 10 | 23 | 45 | . | 0 | 01 | 23 | 2 | 01 | 23 | 45 | 43 | 04 | 0 | 2 | 32 |
| 12 | 03 | 4 | .5 | 10 | 23 | 43 | .2 | 0 | 01 | 23 | . | 01 | 23 | 43 | 2 | 01 | 0 | 23 | 45 |

### SUITE DU TROISIÈME GROUPE.

Il faut étudier d'abord chaque colonne à quatre temps et ensuite à deux.

| 28 → | 29 → | 30 → | 31 → | 32 → |
|---|---|---|---|---|
| 01 0 23 2 | 01 02 32 0 | 01 0 23 0 | 01 23 02 0 | 0 12 0 03 |
| 01 0 23 . | 01 02 34 05 | 01 0 23 20 | 01 23 04 5 | 0 12 0 32 |
| 01 02 3 45 | 01 02 30 02 | 01 0 20 30 | 01 23 04 32 | 0 12 03 45 |
| 01 02 34 32 | 01 02 0 03 | 01 0 20 32 | 01 23 0 45 | 0 12 03 2 |
| 01 02 34 5 | 01 02 0 32 | 01 2 30 45 | 01 23 0 02 | 0 12 03 0 |
| 01 02 32 . | 01 02 03 45 | 01 2 30 20 | 01 23 40 05 | 0 12 03 02 |
| 01 02 34 .5 | 01 02 03 2 | 01 2 34 50 | 01 23 43 02 | 0 01 02 03 |
| 01 02 3 .2 | 01 02 03 0 | 01 2 32 0 | 01 23 43 0 | 0 01 02 0 |
| 01 02 . .3 | 01 02 03 02 | 01 2 34 05 | 01 23 43 20 | 0 01 02 3 |
| 01 02 . 32 | 01 0 02 03 | 01 2 30 02 | 01 23 40 50 | 0 01 02 32 |
| 01 02 .3 45 | 01 0 02 0 | 01 2 0 03 | 01 23 40 32 | 0 01 0 23 |
| 01 02 .3 2 | 01 0 02 3 | 01 2 0 32 | 0 12 30 45 | 0 01 0 02 |
| 01 02 .3 . | 01 0 02 32 | 01 2 03 45 | 0 12 30 20 | 0 01 20 03 |
| 01 02 .3 .2 | 01 0 0 23 | 01 2 03 2 | 0 12 34 50 | 0 01 23 02 |
| 01 02 30 45 | 01 0 0 02 | 01 2 03 0 | 0 12 32 0 | 0 01 23 0 |
| 01 02 30 20 | 01 0 20 03 | 01 2 03 02 | 0 12 34 05 | 0 01 23 20 |
| 01 02 34 50 | 01 0 23 02 | 01 23 04 05 | 0 12 30 02 | 0 01 20 30 |

*Exercices sur les coupes de la troisième et de la quatrième colonne du Tableau général.*

### UN GROUPE.

Il faut étudier d'abord chaque colonne à quatre temps et ensuite à deux.

| | | | Suite → | 28 → | 29 → |
|---|---|---|---|---|---|
| 12 54 54 32 | 12 34 54 32 | 12 34 3 .2 | 4 .2 3 .2 | 12 34 5 43 | 4 2 3 45 |
| 12 34 5 43 | 4 23 4 32 | 12 34 3 .2 | 4 2 3 .2 | 12 34 .5 43 | 4 2 .3 45 |
| 12 34 54 32 | 12 34 54 32 | 12 34 54 .3 | 4 2 34 .5 | 12 34 5 43 | 4 2 32 |
| 12 34 54 3 | 12 3 43 2 | 12 34 32 . | 4 2 32 . | 12 34 54 32 | 4 23 45 |
| 12 54 32 . | 12 . 32 . | 12 34 54 3 | 4 2 34 5 | 12 54 54 3 | 4 23 2 |
| 12 34 54 .3 | 12 .3 43 .2 | 12 34 54 32 | 4 2 34 32 | 12 34 32 . | 4 23 . |

**SUITE DU GROUPE PRÉCÉDENT.**

Il faut étudier d'abord chaque colonne à quatre temps, et ensuite à deux.

| 1 2 34 54 . 3 | 1 23 . 2 | 1 2 32 | 1 2 3 45 | 1 2 30 20 | 1 20 30 |
|---|---|---|---|---|---|
| 1 2 34 3 . 2 | 1 2 . 3 | 1 23 45 | 1 2 34 32 | 1 2 34 50 | 1 23 20 |
| 1 2 3 . 2 | 1 2 . 3 | 1 23 2 | 1 2 34 5 | 1 2 32 0 | 1 23 0 |
| 1 2 34 . 5 | 1 23 . 2 | 1 23 . | 1 2 32 . | 1 2 0 03 | 1 0 02 |
| 1 2 32 . | 1 23 . | 1 23 . 2 | 1 2 34 . 5 | 1 2 0 32 | 1 0 23 |
| 1 2 34 5 | 1 23 2 | 1 2 . 3 | 1 2 3 . 2 | 1 2 03 45 | 1 02 32 |
| 1 2 34 32 | 1 23 45 | 1 . 2 3 . 2 | 1 . 2 3 . 2 | 1 2 3 02 | 1 2 03 |
| 1 2 3 45 | 1 2 32 | 1 2 30 45 | 1 20 32 | 1 02 3 02 | 1 02 3 02 |

# DEUXIÈME SÉRIE.

## DIVISION TERNAIRE.

### TABLEAU GÉNÉRAL DES PRINCIPALES COUPES.

Il faut étudier d'abord chaque colonne en deux fois trois temps, ensuite à deux temps.

| 1 23 432 | 1 2 34 32 | 1 2 34 . 5 | 1 23 454 345 | 1 23 454 . 32 |
|---|---|---|---|---|
| 1 23 45 . | 1 2 34 5 | 1 2 3 . 2 | 1 23 454 3 | 1 23 4 . 32 |
| 1 23 2 | 1 2 3 2 | 1 2 . . 3 | 1 23 4 5 | 1 23 . . 45 |
| 1 23 4.5 | 1 2 3 45 | 1 2 . 32 | 1 23 4 543 | 1 23 . 432 |
| 1 23 . . 2 | 1 2 32 | 1 2 . 3 45 | 1 2 345 | 1 23 . 45 432 |
| 1 23 . 45 | 1 23 45 | 1 2 . 3 2 | 1 234 543 | 1 23 . 43 2 |
| 1 23 . 2 . | 1 23 2 | 1 2 . 3 . 2 | 1 234 5 | 1 23 . 45 . 43 |
| 1 23 . | 10 20 30 | 1 . 2 . 3 | 1 023 432 | 1 . 23 . 45 |
| 1 23 450 | 1 02 32 | 1 . 2 3 | 1 0 232 | 1 . 23 2 |
| 1 23 200 | 1 0 23 | 1 . 2 32 | 1 0 023 | 1 . 23 432 |
| 1 23 405 | 1 0 02 | 1 . 23 | 0 0 012 | 1 . 232 |
| 1 23 002 | 0 0 01 | 1 . . 2 | 0 0 123 | 1 . . 23 |
| 1 23 045 | 0 0 12 | 1 2 . 3 | 0 012 345 | 1 2 . 32 |
| 1 23 020 | 0 04 23 | 1 23 . 2 | 0 123 432 | 1 234 . 32 |

*Exercices sur les coupes de la première colonne du Tableau général.*
*(division ternaire).*

### UN GROUPE.

Il faut étudier d'abord chaque colonne en deux fois trois temps, et ensuite à deux temps.

| | | | | | | | | | | | |
|---|---|---|---|---|---|---|---|---|---|---|---|
| 4.3 | 432 | 1.2 | 32 | 1 | 002 | 1.0 | 23. | 1.0 | 203 | 012 | .32 |
| 123 | 45. | 1.2 | .3 | 1 | 023 | 1.0 | 232 | 1.0 | 200 | 012 | ..3 |
| 123 | 2 | 1.2 | 3.2 | 1 | 020 | 100 | 232 | 1.0 | 2.0 | 012 | 3.2 |
| 123 | 4.5 | 1.2 | 3 | 1 | 0 | 100 | 23. | 1.0 | 230 | 012 | 3 |
| 123 | ..2 | 1.2 | 32. | 1.2 | 0 | 100 | 2 | 100 | 230 | 012 | 32. |
| 123 | .45 | 1.2 | 345 | 1.2 | 030 | 100 | 2.3 | 100 | 2.0 | 012 | 345 |
| 123 | .2. | 123 | 450 | 1.2 | 032 | 100 | 002 | 100 | 200 | 010 | 232 |
| 123 | . | 123 | 2.0 | 1.2 | 003 | 100 | 023 | 100 | 203 | 010 | 23. |
| 12. | . | 123 | 200 | 1.2 | 302 | 100 | 02. | 100 | 020 | 010 | 2 |
| 12. | .3. | 123 | 405 | 1.2 | 300 | 100 | 0 | 102 | 030 | 010 | 2.3 |
| 12. | .32 | 123 | 002 | 1.2 | 3.0 | 102 | . | 102 | 032 | 010 | 002 |
| 12. | ..3 | 123 | 045 | 1.2 | 320 | 102 | .3. | 102 | 003 | 010 | 023 |
| 12. | 3.2 | 123 | 020 | 120 | 345 | 102 | .32 | 102 | 302 | 010 | 02. |
| 12. | 3 | 123 | 0 | 120 | 32. | 102 | ..3 | 102 | 300 | 010 | 0 |
| 12. | 32. | 12. | 0 | 120 | 3 | 102 | 3.2 | 102 | 3.0 | 0 | 0 |
| 12. | 345 | 12. | 030 | 120 | 3.2 | 102 | 3 | 102 | 320 | 0 | 01. |
| 1 | 232 | 12. | 032 | 120 | 003 | 102 | 32. | 001 | 232 | 0 | 012 |
| 1 | 23. | 12. | 003 | 120 | 032 | 102 | 345 | 001 | 23. | 0 | 001 |
| 1 | 2 | 12. | 302 | 120 | 03. | 120 | 320 | 001 | 2 | 0 | 1.2 |
| 1 | 2.3 | 12. | 300 | 120 | 0 | 120 | 3.0 | 001 | 2.3 | 0 | 1 |
| 1 | ..2 | 12. | 3.0 | 1.0 | 0 | 120 | 300 | 001 | ..2 | 0 | 12. |
| 1 | .23 | 12. | 320 | 1.0 | 02. | 120 | 302 | 001 | .23 | 0 | 123 |
| 1 | .2. | 1 | 230 | 1.0 | 023 | 120 | 003 | 004 | .2. | 001 | 230 |
| 1 | . | 1 | 2.0 | 1.0 | 002 | 120 | 032 | 001 | . | 004 | 2.0 |
| 1.2 | . | 1 | 200 | 1.0 | 2.3 | 120 | 030 | 012 | . | 001 | 200 |
| 1.2 | .3. | 1 | 203 | 1.0 | 2 | 1.0 | 020 | 012 | .3. | 001 | 203 |

*Exercices sur les coupes de la seconde colonne du Tableau général.*

UN GROUPE.

Il faut étudier d'abord chaque colonne en deux fois trois temps et ensuite à deux temps.

| | | | | | | | | | | | | | | | | | |
|---|---|---|---|---|---|---|---|---|---|---|---|---|---|---|---|---|---|
| 12 | 34 | 32 | 12 | 34 | .5 | 1 | 2 | 32 | 1 | .2 | .3 | 12 | 34 | 32 | 12 | 30 | 20 |
| 12 | 34 | 32 | 12 | 3 | .2 | 1 | 2 | 32 | 1 | .2 | 3 | 12 | 34 | 32 | 12 | 30 | 0 |
| 12 | 34 | 32 | 12 | . | .3 | 1 | 2 | 32 | 1 | .2 | 32 | 12 | 34 | 32 | 12 | 0 | 0 |
| 12 | 34 | 32 | 12 | . | 32 | 1 | 2 | 32 | 1 | . | 23 | 12 | 34 | 32 | 12 | 0 | 03 |
| 12 | 34 | 32 | 12 | .3 | 45 | 1 | 2 | 32 | 1 | . | .2 | 12 | 34 | 32 | 12 | 0 | 32 |
| 12 | 34 | 32 | 12 | .3 | 2 | 1 | 2 | 32 | 1 | 2 | .3 | 12 | 34 | 32 | 12 | 03 | 45 |
| 12 | 34 | 32 | 12 | .3 | .2 | 1 | 2 | 32 | 1 | 23 | .2 | 12 | 34 | 32 | 1 | 02 | 32 |
| 12 | 3 | 45 | 1 | .2 | .3 | 12 | 34 | 5 | 12 | 34 | .5 | 12 | 3 | 45 | 1 | 0 | 23 |
| 12 | 3 | 45 | 1 | .2 | 3 | 12 | 34 | 5 | 12 | 3 | .2 | 12 | 3 | 45 | 1 | 0 | 02 |
| 12 | 3 | 45 | 1 | .2 | 32 | 12 | 34 | 5 | 12 | . | .3 | 12 | 3 | 45 | 0 | 0 | 04 |
| 12 | 3 | 45 | 1 | . | 23 | 12 | 34 | 5 | 12 | . | 32 | 12 | 3 | 45 | 0 | 0 | 12 |
| 12 | 3 | 45 | 1 | . | .2 | 12 | 34 | 5 | 12 | .3 | 45 | 12 | 3 | 45 | 0 | 01 | 23 |
| 12 | 3 | 45 | 1 | 2 | .3 | 12 | 34 | 5 | 12 | .3 | 2 | 12 | 3 | 45 | 0 | 12 | 32 |
| 12 | 3 | 45 | 1 | 23 | .2 | 12 | 34 | 5 | 12 | .3 | .2 | 12 | 3 | 45 | 01 | 23 | 45 |
| 1 | 23 | 45 | 12 | 34 | .5 | 12 | 3 | 2 | 1 | .2 | .3 | 1 | 23 | 45 | 12 | 30 | 20 |
| 1 | 23 | 45 | 12 | 3 | .2 | 12 | 3 | 2 | 1 | .2 | 3 | 1 | 23 | 45 | 12 | 30 | 0 |
| 1 | 23 | 45 | 12 | . | .3 | 12 | 3 | 2 | 1 | .2 | 32 | 1 | 23 | 45 | 12 | 0 | 0 |
| 1 | 23 | 45 | 12 | . | 32 | 12 | 3 | 2 | 1 | . | 23 | 1 | 23 | 45 | 12 | 0 | 03 |
| 1 | 23 | 45 | 12 | .3 | 45 | 12 | 3 | 2 | 1 | . | .2 | 1 | 23 | 45 | 12 | 0 | 32 |
| 1 | 23 | 45 | 12 | .3 | 2 | 12 | 3 | 2 | 1 | 2 | .3 | 1 | 23 | 45 | 12 | 03 | 45 |
| 1 | 23 | 45 | 12 | .3 | .2 | 12 | 3 | 2 | 1 | 23 | .2 | 1 | 23 | 45 | 1 | 02 | 32 |

SUITE DU GROUPE PRÉCÉDENT.

| 1 | 2 | 32 | 1 | 0 | 23 | 12 | 34 | 5 | 12 | 30 | 20 | 1 | 23 | 2 | 1 | 0 | 23 |
|---|---|---|---|---|---|---|---|---|---|---|---|---|---|---|---|---|---|
| 1 | 2 | 32 | 1 | 0 | 02 | 12 | 34 | 5 | 12 | 30 | 0 | 1 | 23 | 2 | 1 | 0 | 02 |
| 1 | 2 | 32 | 0 | 0 | 01 | 12 | 34 | 5 | 12 | 0 | 0 | 1 | 23 | 2 | 0 | 0 | 01 |
| 1 | 2 | 32 | 0 | 0 | 12 | 12 | 34 | 5 | 12 | 0 | 03 | 1 | 23 | 2 | 0 | 0 | 12 |
| 1 | 2 | 32 | 0 | 01 | 23 | 12 | 34 | 5 | 12 | 0 | 32 | 1 | 23 | 2 | 1 | 02 | 32 |
| 1 | 2 | 32 | 0 | 12 | 32 | 12 | 34 | 5 | 12 | 03 | 45 | 1 | 23 | 2 | 0 | 12 | 32 |
| 1 | 2 | 32 | 01 | 23 | 45 | 12 | 34 | 5 | 1 | 02 | 32 | 1 | 23 | 2 | 01 | 23 | 45 |

10

*Exercices sur les coupes de la troisième colonne du Tableau général.*
*(Division ternaire.)*

Il faut étudier d'abord chaque colonne en deux fois trois temps, et ensuite à deux temps.

| 123 | 454 | 345 | 123 | 454 | .32 | 123 | 454 | 345 | 123 | 432 | 0 |
|---|---|---|---|---|---|---|---|---|---|---|---|
| 123 | 454 | 3 | 123 | 4 | .32 | 123 | 454 | 3 | 123 | 0 | 0 |
| 123 | 4 | 5 | 123 | . | .45 | 123 | 4 | 5 | 123 | 0 | 045 |
| 123 | 4 | 543 | 123 | . | 432 | 123 | 4 | 543 | 123 | 0 | 432 |
| 1 | 2 | 345 | 123 | .45 | 432 | 1 | 2 | 345 | 123 | 045 | 432 |
| 1 | 234 | 543 | 123 | .43 | 2 | 1 | 234 | 543 | 1 | 023 | 432 |
| 1 | 234 | 5 | 123 | .45 | .43 | 1 | 234 | 5 | 1 | 023 | 2 |
| 1 | 234 | 5 | 1 | .23 | .45 | 1 | 234 | 5 | 1 | 0 | 232 |
| 1 | 234 | 543 | 1 | .23 | 2 | 1 | 234 | 543 | 1 | 0 | 023 |
| 1 | 2 | 345 | 1 | .23 | 432 | 1 | 2 | 345 | 1 | 234 | 032 |
| 123 | 4 | 543 | 1 | . | 232 | 123 | 4 | 543 | 0 | 0 | 012 |
| 123 | 4 | 5 | 1 | . | .23 | 123 | 4 | 5 | 0 | 0 | 123 |
| 123 | 454 | 3 | 1 | 2 | .32 | 123 | 454 | 3 | 0 | 012 | 345 |
| 123 | 454 | 345 | 1 | 234 | .32 | 123 | 454 | 345 | 012 | 345 | 432 |

10

# TROISIÈME SÉRIE.
## COUPES MIXTES
CONTENANT DES UNITÉS DIVISÉES PAR DEUX ET DES UNITÉS DIVISÉES PAR TROIS.

| → | | | → | | | → | | | → | | | → | | |
|---|---|---|---|---|---|---|---|---|---|---|---|---|---|---|
| 1 | . | $\overline{23}$ | 1 | $\overline{234}$ | $\overline{543}$ | $\overline{12}$ | $\overline{34}$ | 5 | $\overline{123}$ | $\overline{.2}$ | . | 0 | $\overline{123}$ | $\overline{432}$ |
| 1 | . | $\overline{.2}$ | 1 | $\overline{234}$ | $\overline{.32}$ | $\overline{12}$ | $\overline{34}$ | $\overline{32}$ | $\overline{123}$ | $\overline{.4}$ | $\overline{.5}$ | 0 | $\overline{123}$ | $\overline{.45}$ |
| 1 | . | . | 1 | $\overline{.23}$ | $\overline{.45}$ | $\overline{12}$ | $\overline{34}$ | $\overline{.5}$ | $\overline{123}$ | $\overline{.4}$ | $\overline{32}$ | 0 | $\overline{012}$ | $\overline{.32}$ |
| 1 | . | 2 | 1 | $\overline{.23}$ | $\overline{432}$ | $\overline{12}$ | $\overline{32}$ | . | $\overline{123}$ | $\overline{.4}$ | 5 | 0 | $\overline{012}$ | $\overline{345}$ |
| 1 | . | $\overline{232}$ | 1 | $\overline{.23}$ | 2 | $\overline{12}$ | $\overline{.3}$ | . | $\overline{123}$ | $\overline{.4}$ | $\overline{543}$ | 0 | $\overline{012}$ | 3 |
| 1 | . | $\overline{.23}$ | 1 | $\overline{.23}$ | $\overline{45}$ | $\overline{12}$ | $\overline{.3}$ | $\overline{.2}$ | $\overline{123}$ | $\overline{.4}$ | $\overline{.32}$ | 0 | $\overline{012}$ | $\overline{32}$ |
| 1 | $\overline{23}$ | $\overline{.45}$ | 1 | $\overline{.23}$ | $\overline{.2}$ | $\overline{12}$ | $\overline{.3}$ | $\overline{45}$ | $\overline{123}$ | 4 | $\overline{.32}$ | 0 | $\overline{012}$ | $\overline{.3}$ |
| 1 | $\overline{23}$ | $\overline{432}$ | 1 | $\overline{.23}$ | . | $\overline{12}$ | $\overline{.3}$ | 2 | $\overline{123}$ | 4 | $\overline{543}$ | 0 | $\overline{012}$ | . |
| 1 | $\overline{23}$ | 2 | $\overline{12}$ | $\overline{.32}$ | . | $\overline{12}$ | $\overline{.3}$ | $\overline{432}$ | $\overline{123}$ | 4 | 5 | 0 | 1 | . |
| 1 | $\overline{23}$ | 45 | $\overline{12}$ | $\overline{.34}$ | $\overline{.5}$ | $\overline{12}$ | $\overline{.3}$ | $\overline{.45}$ | $\overline{123}$ | 4 | $\overline{32}$ | 0 | 1 | $\overline{.2}$ |
| 1 | $\overline{23}$ | $\overline{.2}$ | $\overline{12}$ | $\overline{.34}$ | $\overline{32}$ | $\overline{12}$ | . | $\overline{.32}$ | $\overline{123}$ | 4 | $\overline{.5}$ | 0 | 1 | $\overline{23}$ |
| 1 | $\overline{23}$ | . | $\overline{12}$ | $\overline{.34}$ | 5 | $\overline{12}$ | . | $\overline{345}$ | $\overline{123}$ | 2 | . | 0 | 1 | 2 |
| 1 | $\overline{.2}$ | . | $\overline{12}$ | $\overline{.34}$ | $\overline{543}$ | $\overline{12}$ | . | 3 | $\overline{123}$ | $\overline{432}$ | . | 0 | 1 | $\overline{232}$ |
| 1 | $\overline{.2}$ | $\overline{.3}$ | $\overline{12}$ | $\overline{.34}$ | $\overline{.32}$ | $\overline{12}$ | . | $\overline{32}$ | $\overline{123}$ | $\overline{454}$ | $\overline{.3}$ | 0 | 1 | $\overline{.23}$ |
| 1 | $\overline{.2}$ | $\overline{32}$ | $\overline{12}$ | $\overline{345}$ | $\overline{.43}$ | $\overline{12}$ | . | $\overline{.3}$ | $\overline{123}$ | $\overline{454}$ | $\overline{32}$ | 0 | $\overline{12}$ | $\overline{.32}$ |
| 1 | $\overline{.2}$ | 3 | $\overline{12}$ | $\overline{345}$ | $\overline{432}$ | $\overline{12}$ | . | . | $\overline{123}$ | $\overline{454}$ | 3 | 0 | $\overline{12}$ | $\overline{345}$ |
| 1 | $\overline{.2}$ | $\overline{345}$ | $\overline{12}$ | $\overline{343}$ | 2 | $\overline{123}$ | . | . | $\overline{123}$ | $\overline{454}$ | $\overline{345}$ | 0 | $\overline{12}$ | 3 |
| 1 | $\overline{.2}$ | $\overline{.32}$ | $\overline{12}$ | $\overline{345}$ | $\overline{43}$ | $\overline{123}$ | . | $\overline{.2}$ | $\overline{123}$ | $\overline{454}$ | $\overline{.32}$ | 0 | $\overline{12}$ | $\overline{32}$ |
| 1 | 2 | $\overline{.32}$ | $\overline{12}$ | $\overline{343}$ | $\overline{.2}$ | $\overline{123}$ | . | $\overline{45}$ | $\overline{123}$ | $\overline{.45}$ | $\overline{.43}$ | 0 | $\overline{12}$ | $\overline{.3}$ |
| 1 | 2 | $\overline{345}$ | $\overline{12}$ | $\overline{345}$ | . | $\overline{123}$ | . | 2 | $\overline{123}$ | $\overline{.45}$ | $\overline{432}$ | 0 | $\overline{12}$ | . |
| 1 | 2 | 3 | $\overline{12}$ | 3 | . | $\overline{123}$ | . | $\overline{432}$ | $\overline{123}$ | $\overline{.43}$ | 2 | 0 | $\overline{01}$ | . |
| 1 | 2 | $\overline{32}$ | $\overline{12}$ | 3 | $\overline{.2}$ | $\overline{123}$ | . | $\overline{.45}$ | $\overline{123}$ | $\overline{.45}$ | $\overline{43}$ | 0 | $\overline{01}$ | $\overline{.2}$ |
| 1 | 2 | $\overline{.3}$ | $\overline{12}$ | 3 | $\overline{45}$ | $\overline{123}$ | $\overline{45}$ | $\overline{.43}$ | $\overline{123}$ | $\overline{.43}$ | $\overline{.2}$ | 0 | $\overline{01}$ | $\overline{23}$ |
| 1 | 2 | . | $\overline{12}$ | 3 | 2 | $\overline{123}$ | $\overline{45}$ | $\overline{432}$ | $\overline{123}$ | $\overline{.45}$ | . | 0 | $\overline{01}$ | 2 |
| 1 | $\overline{232}$ | . | $\overline{12}$ | 3 | $\overline{432}$ | $\overline{123}$ | $\overline{43}$ | 2 | 0 | $\overline{123}$ | . | 0 | $\overline{01}$ | $\overline{232}$ |
| 1 | $\overline{234}$ | $\overline{.5}$ | $\overline{12}$ | 3 | $\overline{.45}$ | $\overline{123}$ | $\overline{45}$ | $\overline{43}$ | 0 | $\overline{123}$ | $\overline{.2}$ | 0 | $\overline{01}$ | $\overline{.23}$ |
| 1 | $\overline{234}$ | $\overline{32}$ | $\overline{12}$ | $\overline{34}$ | $\overline{.32}$ | $\overline{123}$ | $\overline{43}$ | $\overline{.2}$ | 0 | $\overline{123}$ | $\overline{45}$ | 0 | 0 | $\overline{012}$ |
| 1 | $\overline{234}$ | 5 | $\overline{12}$ | $\overline{34}$ | $\overline{543}$ | $\overline{123}$ | $\overline{45}$ |  | 0 | $\overline{123}$ | 2 | 0 | 0 | $\overline{123}$ |

SUITE DU GROUPE PRÉCÉDENT.

| | | | | | | | | | | | | | | |
|---|---|---|---|---|---|---|---|---|---|---|---|---|---|---|
| 0 | 0 | 4 | 01 | 23 | .2 | 01 | 234 | .32 | 012 | 345 | 432 | 012 | .3 | .2 |
| 0 | 0 | 12 | 01 | 23 | 45 | 01 | 232 | . | 012 | 343 | 2 | 012 | .3 | 45 |
| 0 | 0 | 0 | 01 | 23 | 2 | 01 | .23 | . | 012 | 345 | 43 | 012 | .3 | 2 |
| 0 | 0 | 01 | 01 | 23 | 432 | 01 | .23 | .45 | 012 | 343 | .2 | 012 | .3 | 432 |
| 01 | . | 23 | 01 | 23 | .45 | 01 | .23 | 432 | 012 | 3 | .2 | 012 | .3 | .45 |
| 01 | . | .2 | 01 | 23 | . | 01 | .23 | 2 | 012 | 3 | 45 | 012 | .3 | . |
| 01 | . | 2 | 01 | 2 | . | 01 | .23 | 45 | 012 | 3 | 2 | 012 | . | . |
| 01 | . | 2.32 | 01 | 2 | .32 | 01 | .23 | .2 | 012 | 3 | 432 | 012 | . | .32 |
| 01 | . | .23 | 01 | 2 | 345 | 012 | .34 | .5 | 012 | 3 | .45 | 012 | . | 3 |
| 01 | . | . | 01 | 2 | 3 | 012 | .34 | 32 | 012 | 3 | . | 012 | . | 30 |
| 01 | .2 | . | 01 | 2 | 32 | 012 | .34 | 5 | 012 | 32 | . | 012 | . | .3 |
| 01 | .2 | .32 | 01 | 2 | .3 | 012 | .34 | 543 | 012 | 34 | .32 | 012 | 34 | .5 |
| 01 | .2 | 345 | 01 | 234 | .5 | 012 | .34 | .32 | 012 | 34 | 543 | 012 | . | 345 |
| 01 | .2 | 3 | 01 | 234 | 32 | 012 | .32 | . | 012 | 34 | 5 | 012 | 34 | 32 |
| 01 | .2 | 32 | 01 | 234 | 5 | 012 | 345 | . | 012 | 34 | 32 | 012 | 34 | 5 |
| 01 | .2 | .3 | 01 | 234 | 543 | 012 | 345 | .43 | 012 | 34 | .5 | 012 | 32 | 4 |

DEUXIÈME GROUPE.

*Contenant des unités dont l'une des moitiés est divisée par deux et l'autre par trois.*

Il faut étudier d'abord chaque colonne en trois fois deux temps, ensuite à deux temps.

| | | | | | |
|---|---|---|---|---|---|
| 123 432 | 123 432 | 42 32 | 42 32 | 42 32 | 123 432 |
| 123 432 | 42 32 | 42 32 | 42 32 | 123 432 | 123 432 |
| 123 432 | 42 32 | 123 432 | 42 32 | 123 432 | 42 32 |
| 123 432 | 42 32 | 123 45 | 42 32 | 123 432 | 42 345 |
| 123 432 | 42 32 | 42 345 | 42 32 | 123 432 | 123 45 |
| 123 432 | 42 345 | 42 32 | 42 32 | 123 45 | 123 432 |
| 123 432 | 123 45 | 42 32 | 42 32 | 42 345 | 123 432 |
| 123 45 | 123 432 | 42 32 | 42 345 | 42 32 | 123 432 |
| 123 45 | 42 32 | 123 432 | 42 345 | 123 432 | 42 32 |

## APPLICATION DES CONNAISSANCES ACQUISES.

### *Conseils aux commençants pour étudier seuls un air.*

Ici, comme nous l'avons toujours fait, il faut séparer l'étude de l'intonation de celle de la mesure, pour réunir ensuite ces deux choses.

*Intonation.* Prenez, au diapason, la tonique indiquée en tête du morceau, et appelez UT cette tonique. Toutefois, si vous chantez sans accompagnement, prenez pour tonique le son le plus convenable pour que votre voix ne sorte pas de ses limites naturelles ; c'est-à-dire que, si l'air monte trop pour votre voix, il faut prendre pour UT un son plus grave que la tonique indiquée ; et que si, au contraire, l'air descend trop bas, il faut prendre un UT plus aigu.

Quand l'UT est fixé, on chante l'*intonation seule*, sans s'occuper de mesure, et en donnant aux sons des durées égales.

*Mesure.* Quand on a lu l'intonation seule, on lit l'air en mesure tel qu'il est écrit, c'est à-dire en exécutant simultanément l'intonation et la mesure.

S'il se rencontre des mesures compliquées, dont l'effet ne soit pas immédiatement senti, on lit ces mesures *sans intonation*, en leur appliquant la *langue des durées*, une ou plusieurs fois, selon la difficulté. Puis on lit ensemble intonation et mesure. Ce moyen, appliqué convenablement, est infaillible.

Quand une mesure contient des temps divisés par 6, 8, 12, 18 ou 27, il est bon d'avoir recours au moyen suivant : Si l'on a affaire à une mesure employant la *souche binaire*, on fait *deux temps pour un* ; si au contraire, on a affaire à la *souche ternaire*, on fait *trois temps pour un*. Dans le premier cas les moitiés deviennent des entiers ; dans le second ce sont les tiers. A la seconde lecture on lit l'air tel qu'il est écrit.

Si le mouvement du morceau n'est pas indiqué, on prend l'unité de durée comme on l'entend ; mais si le morceau porte en tête une indication du métronome, on met l'indicateur de cet instrument devant le chiffre correspondant sur l'échelle graduée, et l'oscillation du pendule donne l'unité de durée, et marque le mouvement à prendre.

### *Manière de lire les canons quand on veut les chanter en parties.*

Quand un canon est à deux parties, il est surmonté des deux lettres A B ; quand il est à trois parties, il a les trois lettres A, B, C ; s'il est à quatre parties, il a les quatre lettres A, B, C, D, et ainsi de suite.

Cela veut dire : 1° pour les duos, la première partie *lit seule*, depuis la lettre A jusqu'à la lettre B ; mais au moment où elle attaque la note placée sous la lettre B, la seconde partie commence à la lettre A. Les deux parties chantent alors simultanément, recommençant l'air quand il est fini, et continuant ainsi jusqu'à ce qu'il leur plaise de s'arrêter sur une cadence.

2° Pour les trios, la première partie lit de l'A au B ; au moment où elle attaque le B, la deuxième partie commence à l'A ; enfin, quand la première partie arrive au C, et la deuxième au B, la troisième commence à l'A. On continue alors comme pour le duo.

3° Si c'est un quatuor, la quatrième partie commence en A, quand la troisième est en B, la deuxième en C, et la première en D, etc.

SOIXANTE-QUATORZE DUOS, TRIOS ET QUATORS EN CANONS, PAR HAFFICH, MOZART, HÉRING, GLASER. HAYDN, SCHULTZ, SILCHER, ETC.

**N° 1.** TON DE REU.
3 3 5 5 | 1̇ . 2̇ . | 3̇ . 2̇ . | 1̇ 1̇ 5 5 | 6 . 7 . | 1̇ . 3 2̇ | 1̇ 5 5 1̇ |
3 3 4 5 | 1̇ 1̇ 2̇ 7 | 1̇ . 0 0 ‖

**N° 2.** TON DE RÉ.
1̇ 3 5 5 | 1̇ 1̇ 7 . | 6 6 5 . | 4 4 3 3 | 2 2 1̇ . | 4 4 3 3 | 6 6 5 . |
4 4 3 3 | 2 2 1̇ . | 0 0 0 0 ‖

**N° 3.** TON DE RÉ.
5 6 7 1̇ | 7 6 5 . | 3 4 2 3 | 5 4 3 . | 1̇ . 1̇ . | 1̇ . 1̇ . ‖

**N° 4.** TON DE SEC.
5 | 5 4 3 2̇ | 1̇ 7 1̇ 1̇ | 7 6 5 4 | 3 2 1̇ 3̇ | 2̇ 1̇ 7 6 | 5 4 3 ‖

**N° 5.** TON DE SOL.
5̇ 5 3 1̇ | 7̇ 2 1̇ 3 | 2̇ 4 3 5 | 5̇ 7 1̇ 5̇ ‖

**N° 6.** TON DE RÉ.
1̇ 1̇ 3 3 | 2 . 2 . | 3̇ 1̇ 1̇ 1̇ | 1̇ . 7 0 | 1̇ 5 5 5 | 4 . 4 . | 3 3 1̇ 1̇ |
5 . 0 0 ‖

**N° 7.** TON DE REU.
5 | 6 . 5 . | 5̇ . 1̇ . | 1̇ . 2̇ . | 3̇ . 1̇ 3̇ | 4 . 4 . | 3 . 1̇ . | 1̇ . 7 . | 1̇ . 0 ‖

**N° 8.** TON DE MEU.
5 6 5 | 5 . 1̇ | 5 4 3 | 3̇ 4 3 | 3 2 1̇ | 3 2 1̇ | 1̇ . 1̇ | 1̇ 7̣ 6̣ |
5̣ 5̣ 1̇ ‖

**N° 9.** TON DE SOL.
5̇ 5 5 | 5 6 5 | 4 5 4 | 3 . 3 | 2 2 2 | 2 4 6 | 6 5 4 | 3 . 0 |
1̇ 1̇ 1̇ | 7 7 7 | 6 6 6 | 5 . 5 | 1̇ 4 4 | 4 4 4 | 5̣ 5̣ 5̣ | 1̇ . 0 |
3 3 3 | 2 2 2 | 1̇ 1̇ 1̇ | 7̣ . 7̣ | 6̣ 6̣ 6̣ | 6̣ 6̣ 6̣ | 7̣ 7̣ 7̣ | 1̇ . 0 ‖

**N° 10.** TON D'UT.
1̇ | 6 6 7 | 1̇ 5 1̇ | 4 4 4 | 3 0 1̇ | 1̇ 1̇ 2̇ | 5 3̇ 3̇ | 6 4 2 | 1̇ 0 ‖

**N° 11.** TON DE LA.
1̇ 2 | 3 1̇ | 2 7 | 1̇ 5 | 3 4 | 5 3 | 4 2 | 3 1̇ | 0 0 | 0 0 |
5̣ 5̣ | 1̇ 1̇ | 0 0 | 0 0 | 5 5 | 5 3 ‖

**N° 12.**
5̣ | 1̇ 3 1̇ 3 | 1̇ . 1̇ 1̇ | 2 2 2 3 | 1̇ . 0 5̣ | 1̇ 3 1̇ 3 | 1̇ . 1̇ 1̇
2 2 2 3 | 1̇ . 0 0 | 0 0 0 5̣ | 3 . 5 . | 0 7 7 7 | 1̇ 1̇ 0 0 | 0 0 0 5̣ |
3 . 5 . | 0 7 7 7 | 1̇ 1̇ 0 0 | 0 5 3 0 | 0 5 3 0 | 0 0 0 5 | 3 . 0 0 |
0 5 3 0 | 0 5 3 0 | 0 0 0 5 | 3 . 0 ‖

**N° 13.** TON DE LA.

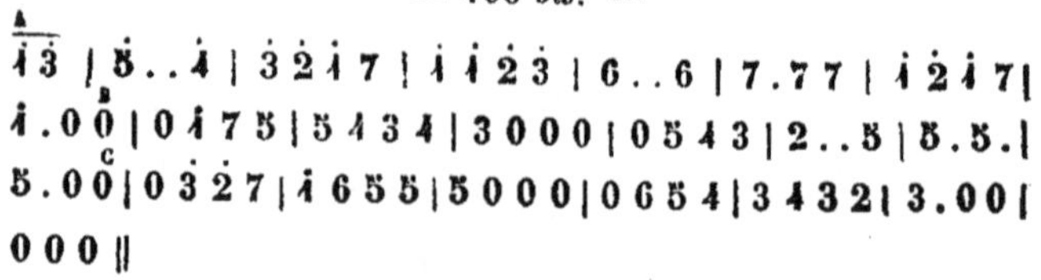

```
A
13 | 5..4 | 3217 | 1123 | 6..6 | 7.77 | 1217 |
B
1.00 | 0175 | 5434 | 3000 | 0543 | 2..5 | 5.5. |
C
5.00 | 0327 | 1655 | 5000 | 0654 | 3432 | 3.00 |
000 ||
```

**N° 14.** TON DE MI.

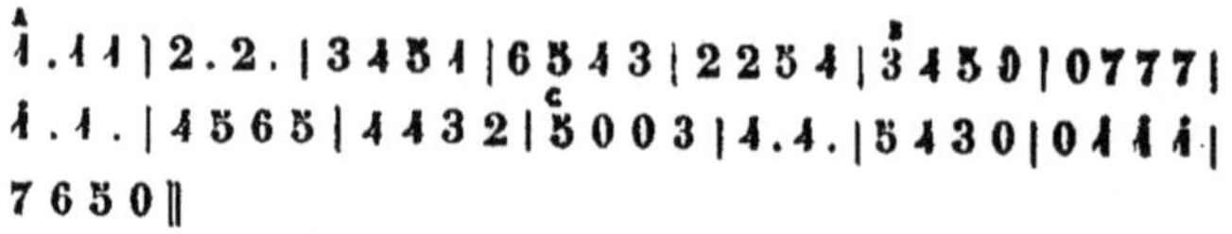

```
A                                            B
1.11 | 2.2. | 3454 | 6543 | 2254 | 3450 | 0777 |
              C
1.1. | 4565 | 4432 | 5003 | 4.4. | 5430 | 0111 |
7650 ||
```

**N° 15.** TON DE SI.

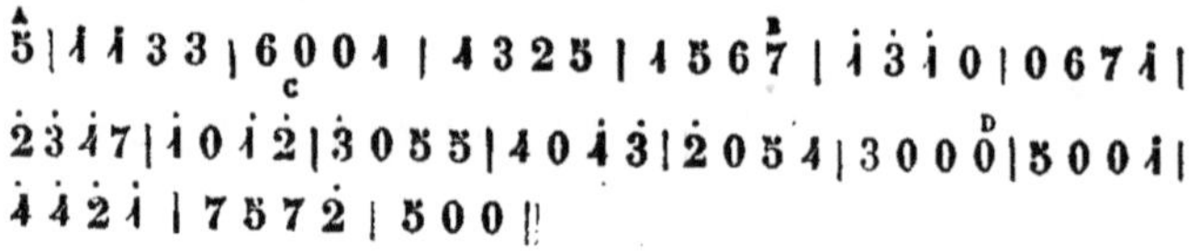

```
A                                    B
5 | 1133 | 6001 | 4325 | 4567 | 1310 | 0671 |
                                              D
2347 | 1012 | 3055 | 4013 | 2054 | 3000 | 5001 |
4421 | 7572 | 500 ||
```

**N° 16.** TON D'UT.

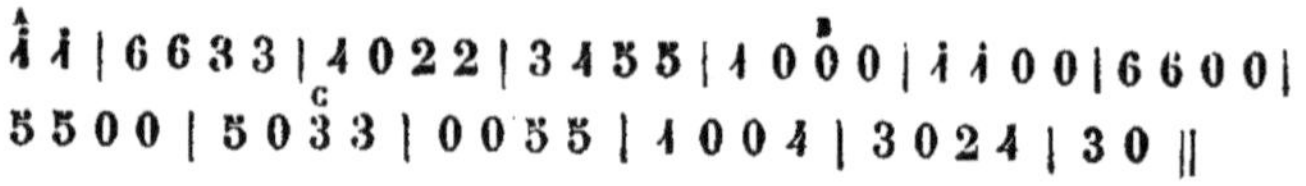

```
A                                    B
11 | 6633 | 4022 | 3455 | 1000 | 1100 | 6600 |
        C
5500 | 5033 | 0055 | 1004 | 3024 | 30 ||
```

**N° 17.** TON DE SEU.

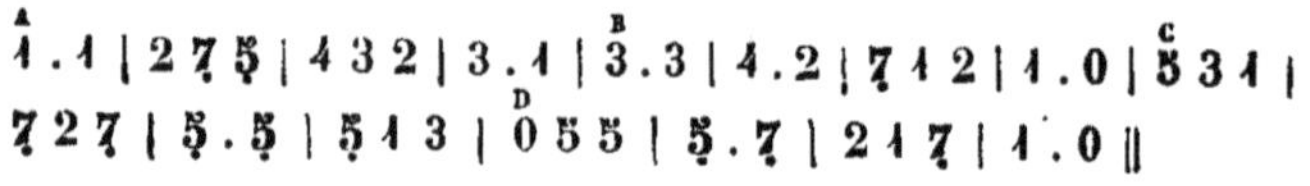

```
A                        B                    C
1.1 | 275 | 432 | 3.1 | 3.3 | 4.2 | 712 | 1.0 | 531 |
                    D
727 | 5.5 | 513 | 055 | 5.7 | 217 | 1.0 ||
```

**N° 18.** TON D'UT.

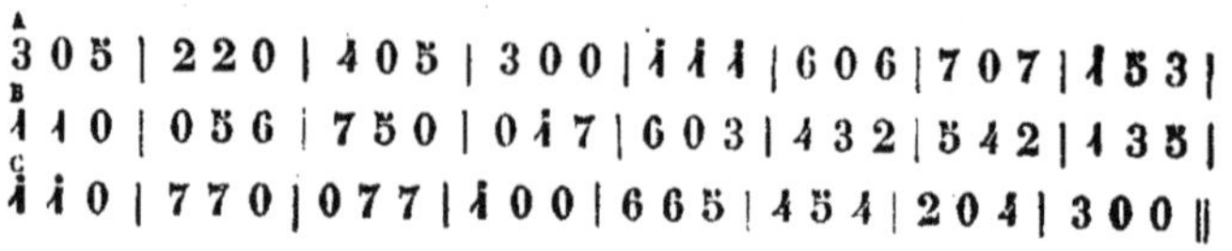

```
A
305 | 220 | 405 | 300 | 111 | 606 | 707 | 153 |
B
110 | 056 | 750 | 017 | 603 | 432 | 542 | 135 |
C
110 | 770 | 077 | 100 | 665 | 454 | 204 | 300 ||
```

**N° 19.** TON DE SOL.

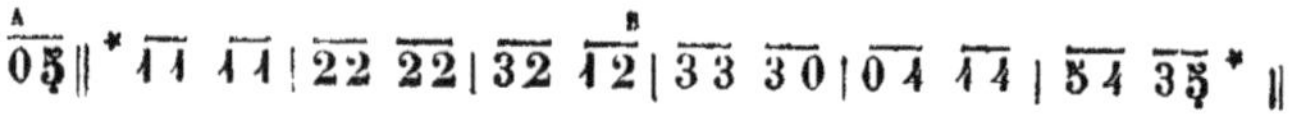

```
A                                  B
05 || * 11 11 | 22 22 | 32 12 | 33 30 | 04 11 | 54 35 * ||
```

**N° 20.** TON DE SOL.

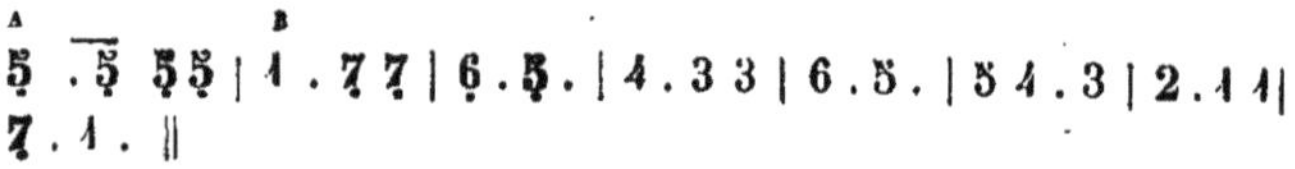

```
A          B
5 .5 55 | 1.77 | 6.5. | 4.33 | 6.5. | 54.3 | 2.11 |
7.1. ||
```

**N° 21.** TON DE FA.

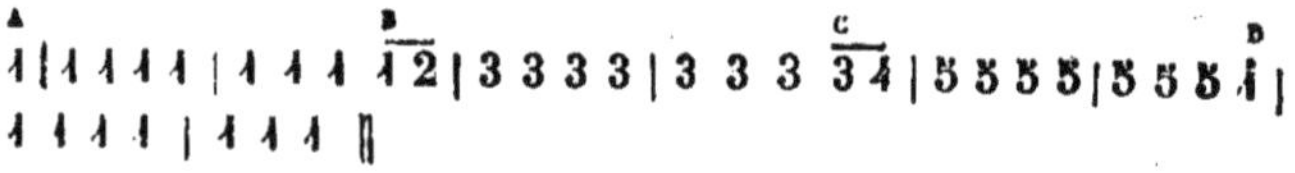

```
A                    B                    C                D
1 | 1111 | 111 12 | 3333 | 333 34 | 5555 | 5551 |
1111 | 111 ||
```

**N° 22.** TON DE LA.

```
A        B
5 | 3315 | 5431 | 671 23 | 543 ||
```

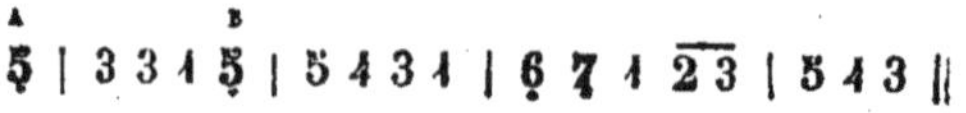

**N° 23.** TON DE LA.

```
A          B
5 | 3.2. | 1.05 | 5432 | 3217 | 1234 | 345.1 | 5 6432 |
1.0 ||
```

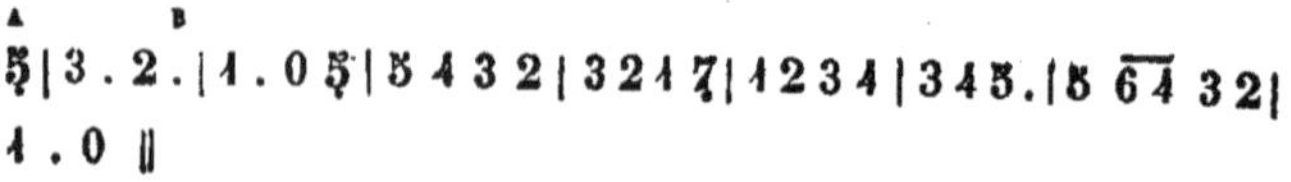

**N° 24.**
TON DE UT.

4 | 6 . . . | 5 . 4 4 | 4 . . 7 | 4 . 7 0 | 0 4 4 4 | 3 . 4 5 | 6 4 3 2

4 . 3 3 0 | 0 0 0 0 | 0 4 2 3 | 4 6 5 4 | 3 . 4 ‖

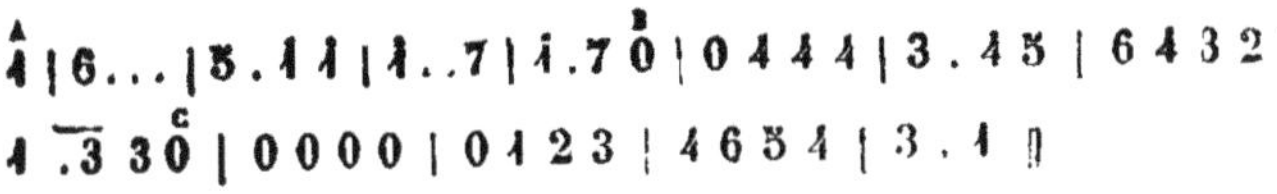

**N° 25.**
TON DE RÉ.

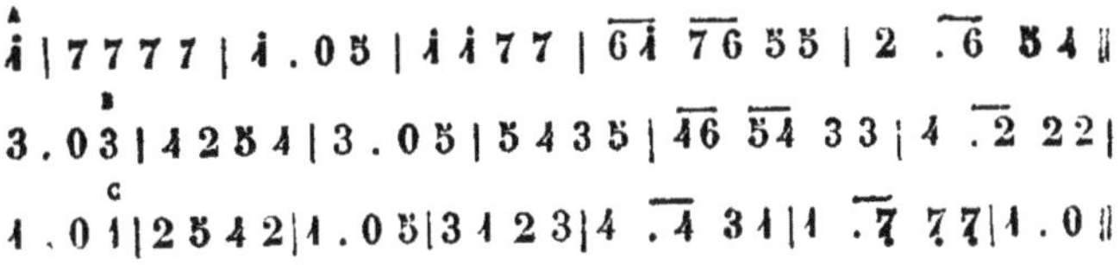

4 | 7 7 7 7 | 4 . 0 5 | 4 4 7 7 | 6 4 7 6 5 5 | 2 . 6 5 4 ‖

3 . 0 3 | 4 2 5 4 | 3 . 0 5 | 5 4 3 5 | 4 6 5 4 3 3 | 4 . 2 2 2 |

4 . 0 4 | 2 5 4 2 | 4 . 0 5 | 3 4 2 3 | 4 . 4 3 4 | 4 . 7 7 7 | 4 . 0 ‖

**N° 26.**
TON DE RÉ.

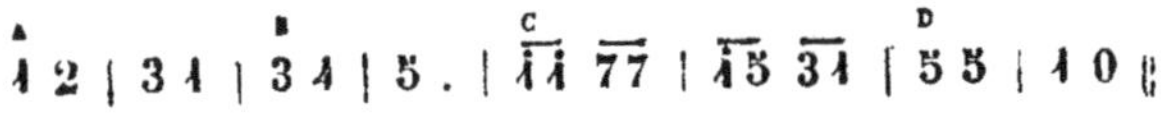

4 2 | 3 4 | 3 4 | 5 . | 4 4 7 7 | 4 5 3 4 | 5 5 | 4 0 ‖

**N° 27.**
TON DE SOL.

5 | 3 5 4 3 | 5 . 4 3 2 | 4 5 3 4 | 7 . 2 4 4 | 5 4 3 5 4 3 |

2 . 7 5 5 | 4 2 7 4 5 | 5 . 5 4 ‖

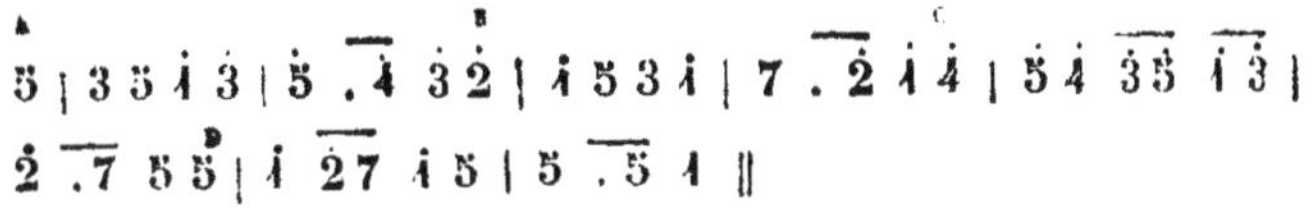

**N° 28.**
TON D'UT.

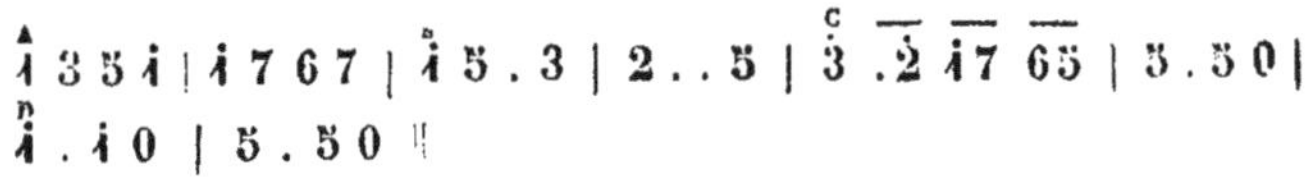

4 3 5 4 | 4 7 6 7 | 4 5 . 3 | 2 . . 5 | 3 . 2 4 7 6 5 | 3 . 5 0 |

4 . 4 0 | 5 . 5 0 ‖

**N° 29.**
TON DE RÉ.

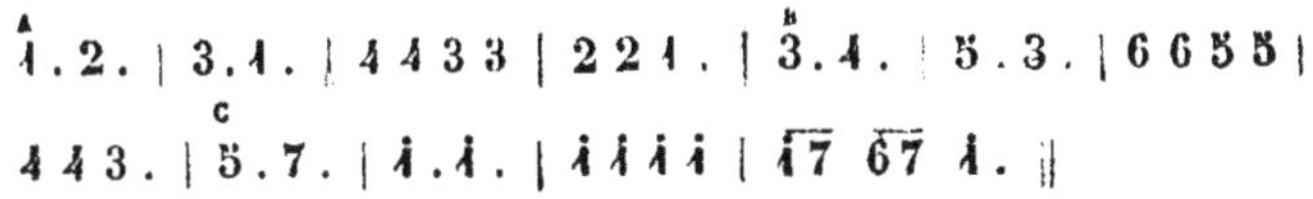

4 . 2 . | 3 . 4 . | 4 4 3 3 | 2 2 4 . | 3 . 4 . | 5 . 3 . | 6 6 5 5 |

4 4 3 . | 5 . 7 . | 4 . 4 . | 4 4 4 4 | 4 7 6 7 4 . ‖

**N° 30.**
TON DE SI.

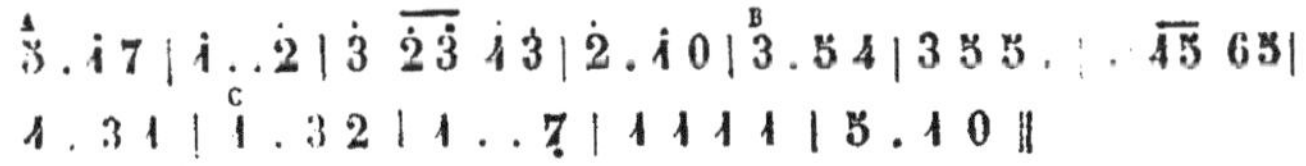

3 . 4 7 | 4 . . 2 | 3 2 3 4 3 | 2 . 4 0 | 3 . 5 4 | 3 5 5 . | . . 4 5 6 5 |

4 . 3 4 | 4 . 3 2 | 4 . . 7 | 4 4 4 4 | 5 . 4 0 ‖

**N° 31.**
TON D'UT.

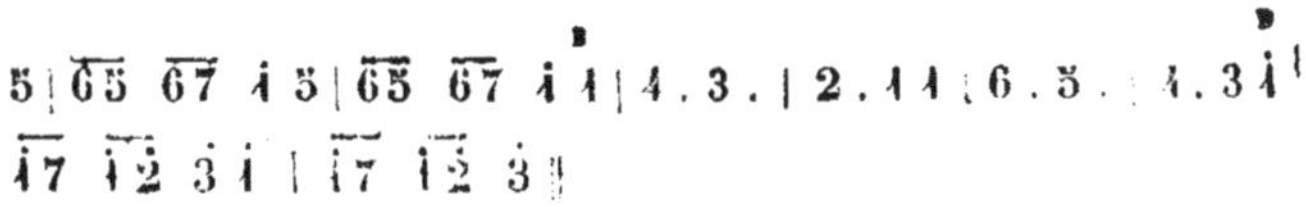

5 | 6 5 6 7 4 5 | 6 5 6 7 4 4 | 4 . 3 . | 2 . 4 4 | 6 . 5 . | . 4 . 3 4 |

4 7 4 2 3 4 | 4 7 4 2 3 ‖

**N° 32.**
TON DE MI.

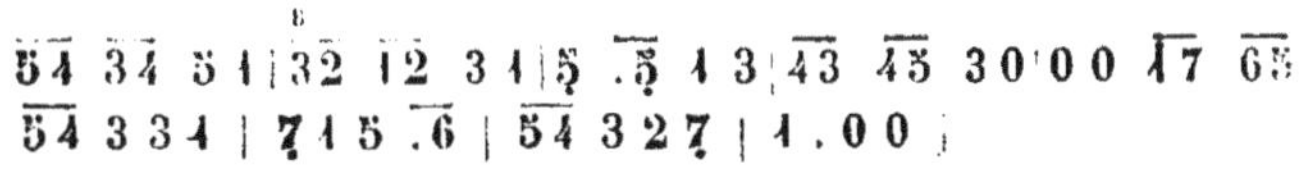

5 4 3 4 5 4 | 3 2 4 2 3 4 | 5 . 5 4 3 | 4 3 4 5 3 0 0 0 | 4 7 6 5 |

5 4 3 3 4 | 7 4 5 . 6 | 5 4 3 2 7 | 4 . 0 0 ‖

**N° 33.**
TON DE RÉ.

4 . 3 4 | 6 5 5 0 0 | 3 . 0 4 | 4 . 0 2 | 5 . 0 3 | 6 . 0 4 | 7 . 7 7 |

4 . 4 . | 7 2 5 7 | 4 3 5 0 | 0 6 2 . | . 7 3 . | . 4 4 6 | 2 3 4 5 4 |

3 . 0 3 | 2 4 7 6 5 4 3 2 | 4 . 0 4 7 | 6 7 6 5 4 2 | 7 . 0 3 2 |

4 2 4 7 6 2 | 5 . 0 0 ‖

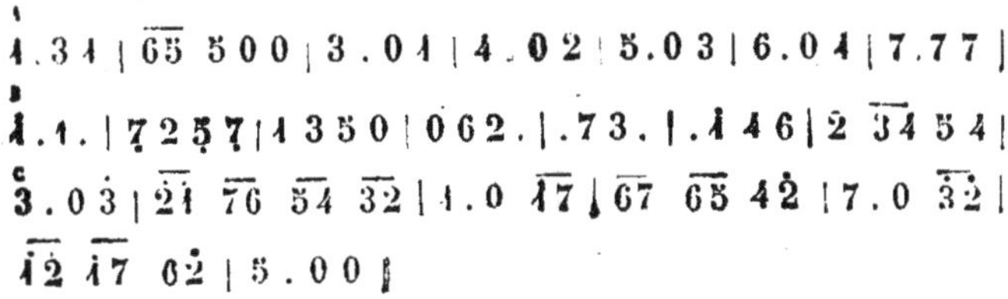

**N° 34.**
TON DE LA.

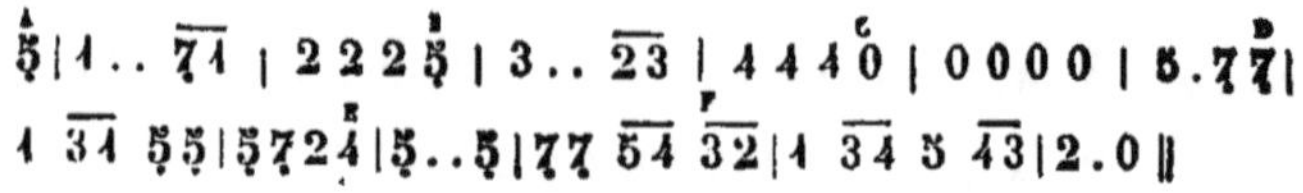

5 | 1 . . 71 | 2 2 2 5 | 3 . . 23 | 4 4 4 0 | 0 0 0 0 | 5 . 7 7 |
1 34 5 5 | 5 7 2 4 | 5 . . 5 | 7 7 54 32 | 1 34 5 43 | 2 . 0 ||

**N° 35.**
TON DE SOL.

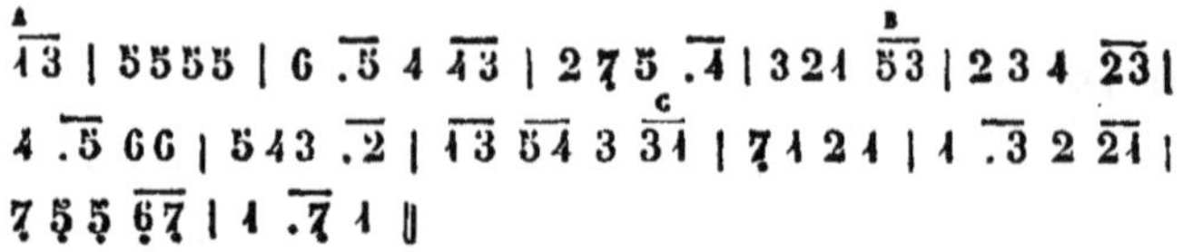

13 | 5 5 5 5 | 6 . 5 4 43 | 2 7 5 . 4 | 3 2 1 53 | 2 3 4 23 |
4 . 5 6 6 | 5 4 3 . 2 | 13 54 3 34 | 7 1 2 4 | 1 . 3 2 21 |
7 5 5 67 | 1 . 7 1 ||

**N° 36.**
TON DE RÉU.

3 3 42 72 | 13 53 1 3 | 5 5 64 24 | 3 5 31 3 . | 11 72 57 |
1 5 5 5 | 1 31 5 7 | 1 31 0 ||

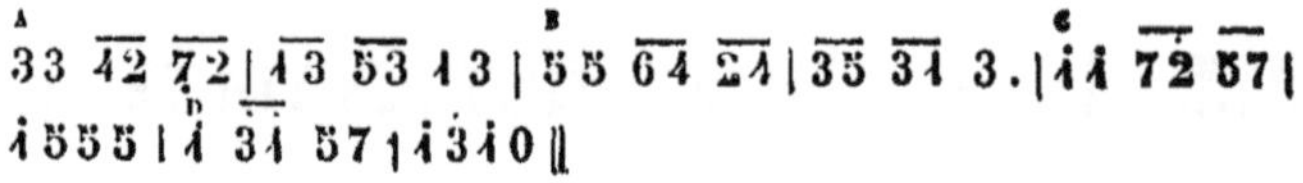

**N° 37.**
TON DE MI.

1 . 1 1 | 1 . 2 3 05 | 3 5 2 5 | 3 . 0 0 | 3 . 3 3 | 3 . 4 50 | 1 . 7 . |
1 . 0 0 | 0 1 53 | 1 1 12 34 | 5 3 5 5 | 5 5 6 7 | 1 . 1 . | 0 1 1 1 |
17 65 54 32 | 1 . 0 0 ||

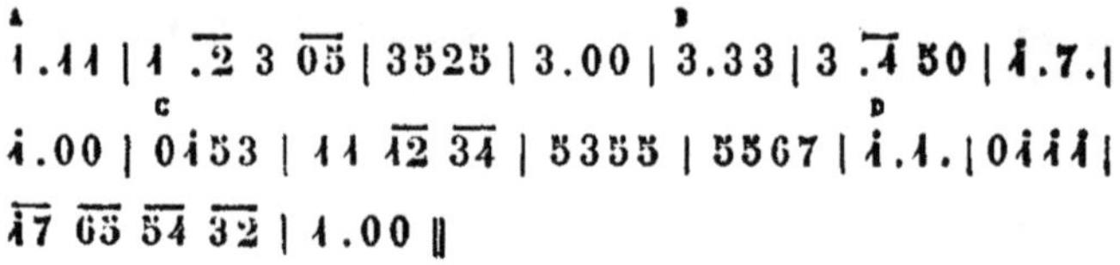

**N° 38.**
TON DE RÉ.

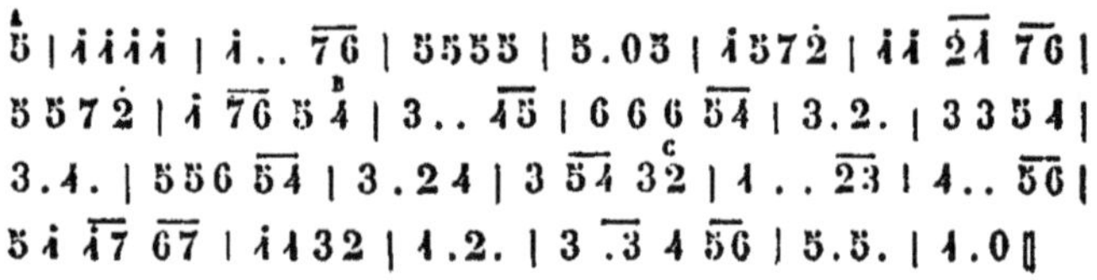

5 | 1 1 1 1 | 1 . . 76 | 5 5 5 5 | 5 . 0 3 | 1 5 7 2 | 1 1 21 76 |
5 5 7 2 | 1 76 54 | 3 . . 45 | 6 6 6 54 | 3 . 2 . | 3 3 5 4 |
3 . 4 . | 5 5 6 54 | 3 . 2 4 | 3 54 32 | 1 . . 23 | 1 . . 56 |
5 1 17 67 | 1 1 3 2 | 1 . 2 . | 3 . 3 4 56 | 5 . 5 . | 1 . 0 ||

**N° 39.**
TON DE SI.

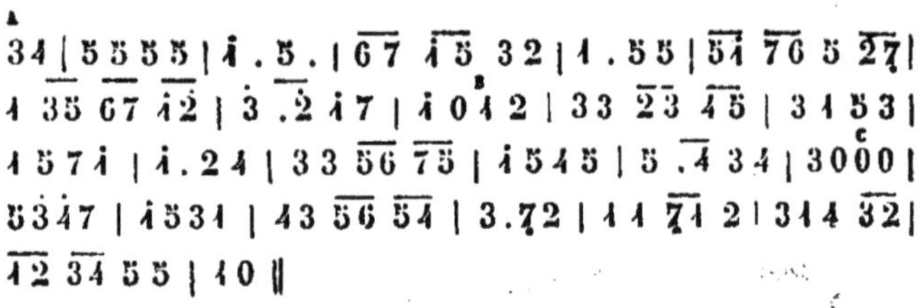

3 4 | 5 5 5 5 | 1 . 5 . | 6 7 15 3 2 | 1 . 5 5 | 51 76 5 27 |
1 35 67 12 | 3 . 2 17 | 1 0 1 2 | 3 3 23 45 | 3 1 53 |
1 5 7 1 | 1 . 2 4 | 3 3 56 75 | 1 5 4 5 | 5 . 4 3 4 | 3 0 0 0 |
5 3 4 7 | 1 53 1 | 4 3 56 54 | 3 . 7 2 | 1 1 71 2 | 3 1 4 32 |
12 34 5 5 | 1 0 ||

**N° 40.**
TON DE SEU.

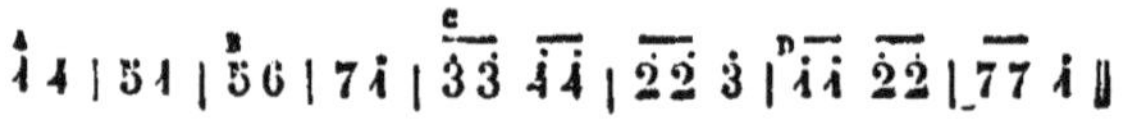

1 1 | 5 1 | 5 6 | 7 1 | 33 11 | 22 3 | 11 22 | 77 1 ||

**N° 41.**
TON DE LEU.

01 | 35 1 02 | 75 11 03 | 2 03 2 06 | 543 06 | 543 01 |
53 1 04 | 24 33 01 | 7 01 7 01 | 171 01 | 171 01 |
11 3 05 | 42 11 0 | 05 5 05 54 | 351 04 | 351 ||

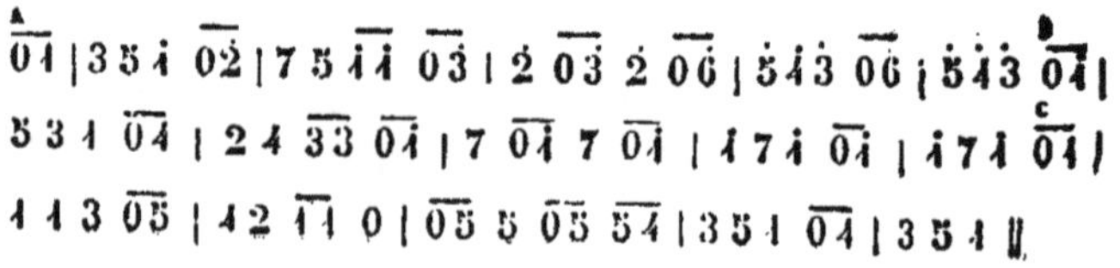

**N° 42.**
TON DE JEU.

[A] 12 | 3 | 27 | 110 12 | 3 | 27 | 110 11 | 71 21 7 22 |
12 32 1 55 | 15 31 1 27 | 100 34 | 5342 | 330 34 | [B]
5342 | 330 33 | 23 43 2 44 | 34 54 3 55 | 15 31 3 42 |
1000 | 0 55 55 55 | 51 53 1.|. 55 55 55 | 51 53 1. |
. 55 55 55 | 5.. 55 | 13 31 55 | 100 ||

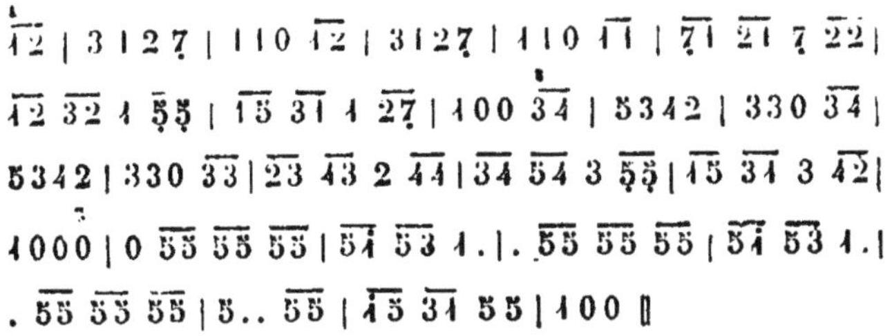

**N° 43.**
TON DE LA.

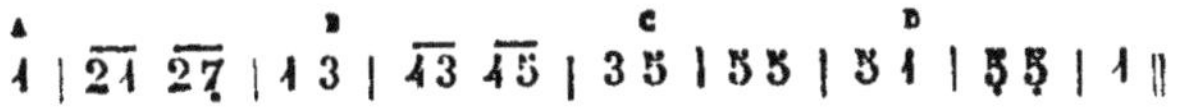

[A] 1 | 21 27 | [B] 13 | 43 45 | [C] 35 | 55 | [D] 31 | 55 | 1 ||

**N° 44.**
TON DE MI.

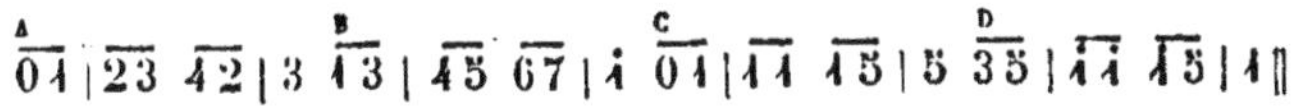

[A] 01 | 23 42 | 3 13 | [B] 45 67 | 1 01 | 11 15 | [C] 5 35 | 11 15 | [D] 1 ||

**N° 45.**
TON DE SOL.

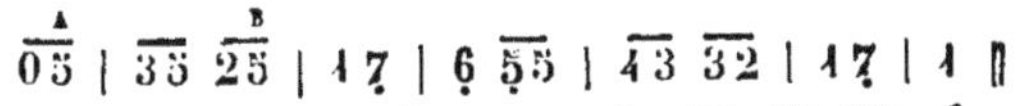

[A] 05 | 35 25 | [B] 17 | 6 55 | 43 32 | 17 | 1 ||

**N° 46.**
TON D'UT.

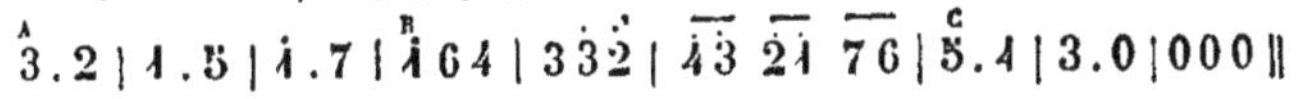

[A] 3.2 | 1.5 | 1.7 | [B] 164 | 332 | 43 21 76 | [C] 5.4 | 3.0 | 000 ||

**N° 47.**
TON DE SI.

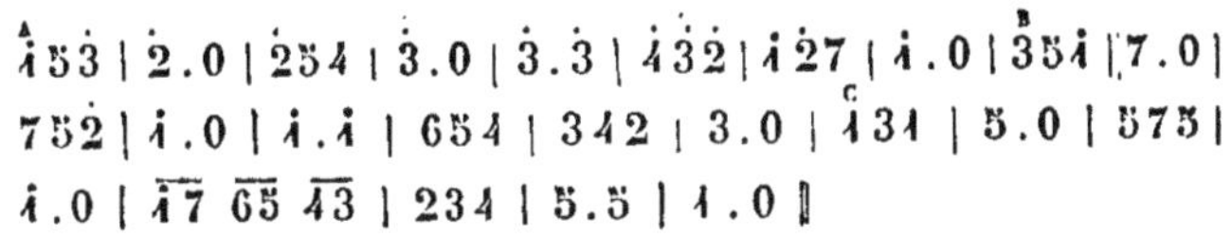

[A] 153 | 2.0 | 254 | 3.0 | 3.3 | 432 | 127 | 1.0 | [B] 351 | 7.0 |
752 | 1.0 | 1.1 | 654 | 342 | 3.0 | [C] 131 | 5.0 | 575 |
1.0 | 17 65 43 | 234 | 5.5 | 1.0 ||

**N° 48.**
TON DE LA.

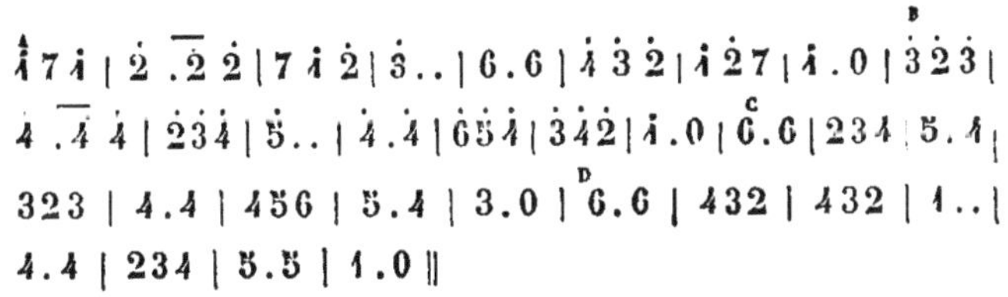

[A] 171 | 2 .2 2 | 7 1 2 | 3.. | 6.6 | 432 | 127 | 1.0 | [B] 323 |
4 .4 4 | 234 | 5.. | 4.4 | 654 | 342 | 1.0 | [C] 6.6 | 234 | 5.4 |
323 | 4.4 | 456 | 5.4 | 3.0 | [D] 6.6 | 432 | 432 | 1.. |
4.4 | 234 | 5.5 | 1.0 ||

**N° 49.**
TON DE SEU.

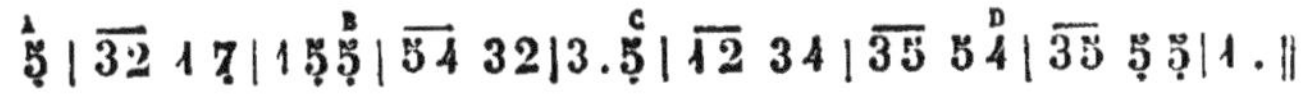

[A] 5 | 32 1 7 | 1 55 | [B] 54 32 | 3.5 | [C] 12 34 | 35 54 | [D] 35 55 | 1. ||

**N° 50.**
TON D'UT.

[A] 554 | 345 | 616 | 505 | 3.2 | 176 | 5.4 | [B] 35 67 12 |
3 .2 17 | 644 | 4.2 | 317 | 654 | 3.2 | [C] 101 | 123 |
46 11 | 7.7 | 101 | 1.7 | 100 ||

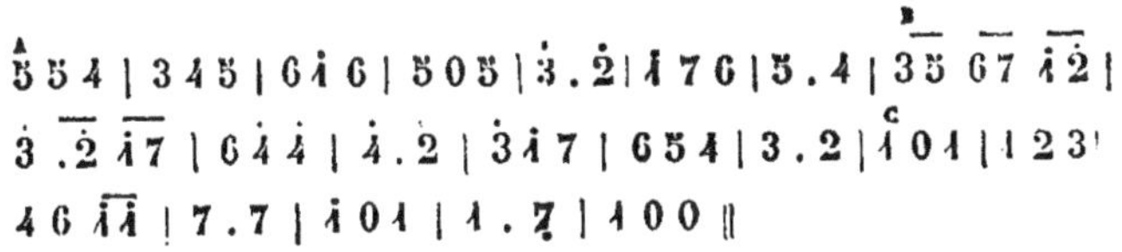

**N° 51.**
TON DE SEU.

[A] 1111 | 5505 | 444 44 | 3305 | 444 44 | 3.3. | [B] 0000 |
5555 | 2202 | 1.3. | 2 .2 2. | 1.1. | [C] 0000 | 0000 |
6677 | 1.11 | 117 77 | 1.1. ||

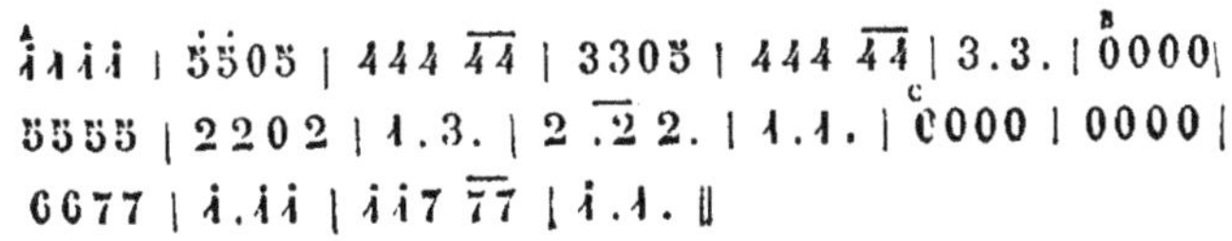

**N° 52.** TON DE FA.

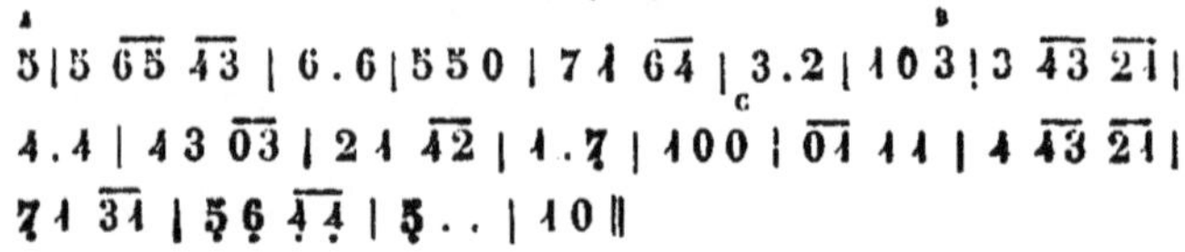

A 5 | 5 65 43 | 6.6 | 550 | 71 64 | 3.2 | 103 | 3 43 21 | (B, C)

4.4 | 43 03 | 21 42 | 1.7 | 100 | 01 11 | 1 43 21 |

71 31 | 56 44 | 5.. | 10 ‖

**N° 53.** TON DE MI.

A 111 | 1 .2 3 | B 333 | 3 .4 5 | C 17 65 67 | 1 .7 1 | D 555 |

5.1 ‖

**N° 54.** TON DE SEU.

A 3 | 5.3 | 513 | 653 | 423 | B 275 | 135 | 71 27 57 |

21 C 5 | 5 42 1 | 351 | 7.5 | 5.1 D | 721 | 531 | 25 42 | 1. ‖

**N° 55.** TON DE SOL.

A 5 | 1 .7 1 | 27 52 | B 3 .2 3 | 42 7 C 5 | 5.. | ..7 D | 1.. |

2.2 | 3 .5 31 | 725 | 5.. | ..7 | 1.0 | 00 ‖

**N° 56.** TON D'UT.

A 5 | 1 .5 5 | 2 .5 5 | 3 32 17 | 6.6 | 7 .6 7 | 1 .5 3 |

65 43 25 | 3.5 B | 315 | 757 | 113 | 4. 43 | 254 |

351 | 127 | 1. ‖

**N° 57.** TON DE LEU.

A 05 43 * ‖ 2 .3 65 | 43 21 72 | 54 35 13 | 6 .71 21 |

B 7 .0 01 | 76 5 .6 | 21 76 54 | 35 17 61 | 46 2 .34 |

54 35 43 * ‖

**N° 58.** TON DE FA.

A 5 .5 55 55 | 3100 | 5 55 5 55 | 31 01 11 | 6. 01 11 |

5.1 11 | 2657 | 1 11 11 11 | B 7500 | 1 .1 11 11 |

7500 | 01 11 3. | .1 11 4. | 1 11 31 65 | 4 44 5 55 |

10 01 C 23 | 4 22 72 57 | 10 01 23 | 4 .2 72 57 | 111. |

1.1. | 13 53 17 | 6432 | 1100 | D 2 22 4 .2 | 1 .2 30 01 |

2 02 4 02 | 1 .2 351 | 0061 | 0051 | 023 44 | 3.00 ‖

**N° 59.** TON DE FA.

A 11 1 71 | 22 21 | B 33 3 23 | 44 43 | C 55 | 5. | 55 | 5. ‖

**N° 60.** TON DE FA.

A 15 55 | 56 54 3 | B 53 24 | 32 1 | C 31 72 | 17 1 | D 15 57 |

17 1 ‖

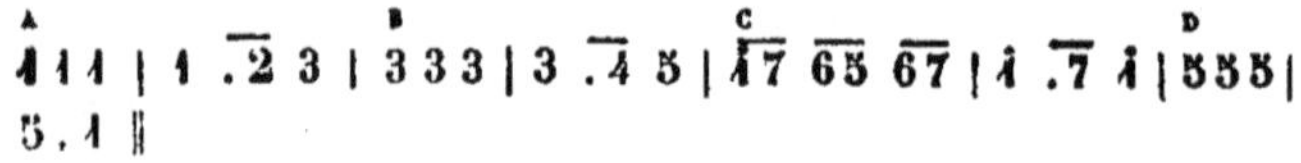

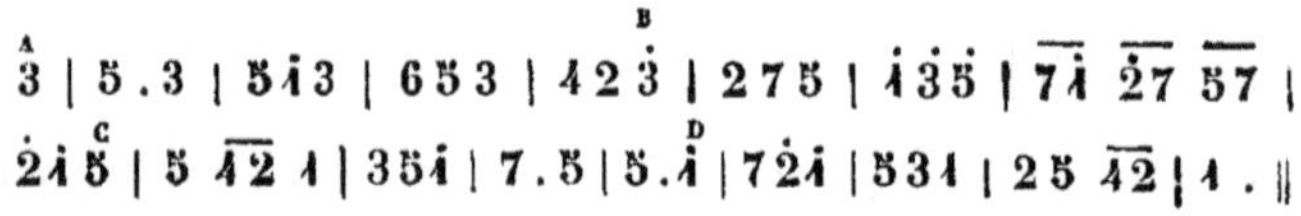

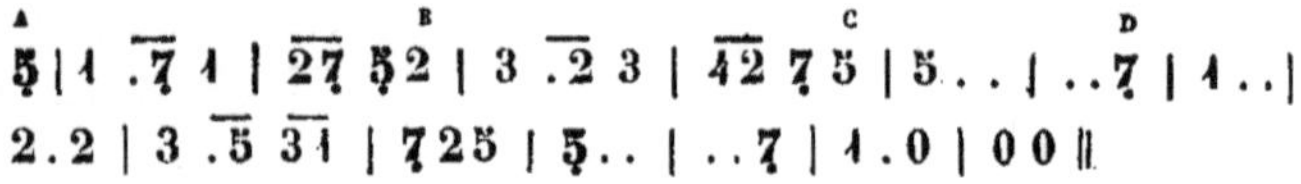

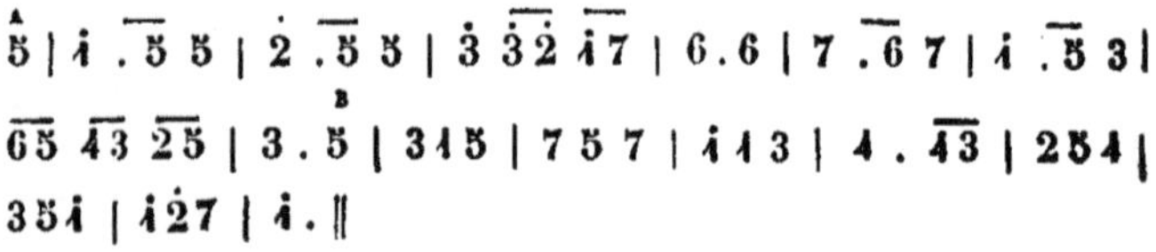

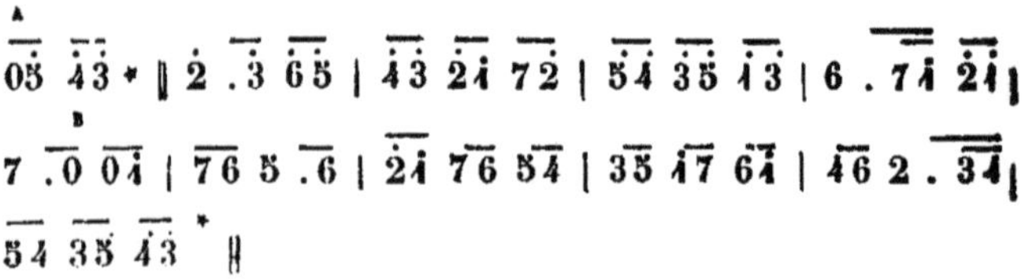

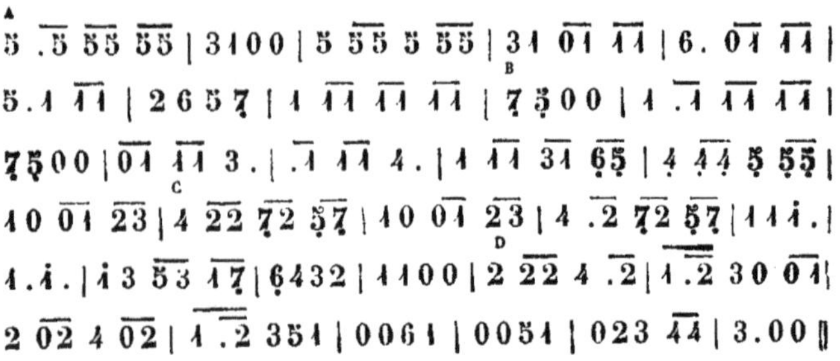

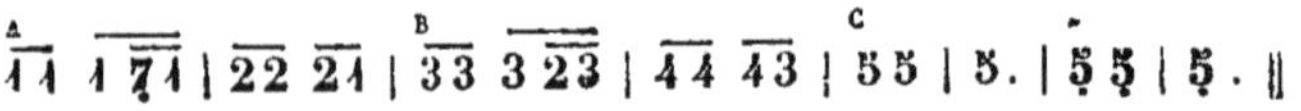

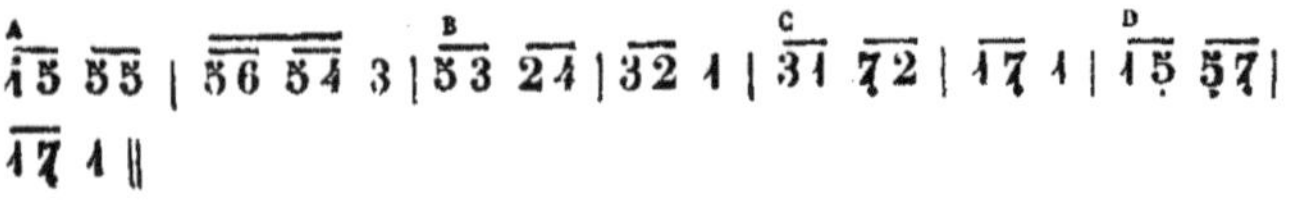

**N° 61.** TON D'UT.

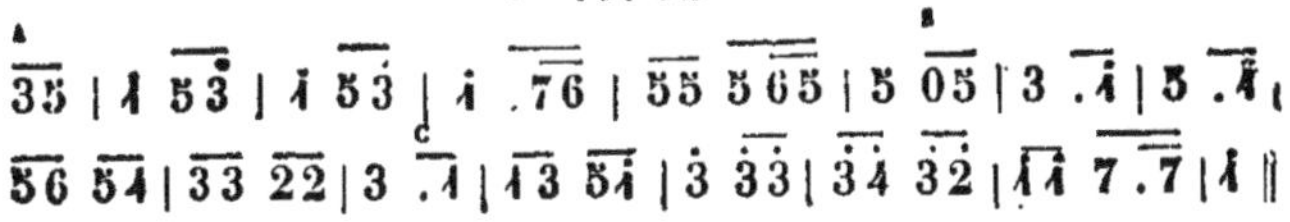

35 | 1 53 | 1 53 | 1 .76 | 55 565 | 5 05 | 3 .1 | 5 .1
56 54 | 33 22 | 3 .1 | 13 51 | 3 33 | 34 32 | 11 7.7 | 1 ||

**N° 62.** TON DE SEU.

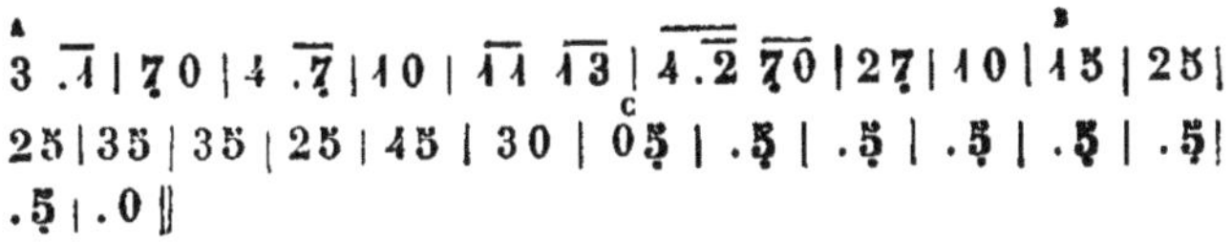

3 .1 | 70 | 4 .7 | 10 | 11 13 | 4.2 70 | 27 | 10 | 15 | 25 |
25 | 35 | 35 | 25 | 45 | 30 | 05 | .5 | .5 | .5 | .5 | .5 |
.5 | .0 ||

**N° 63.** TON DE SEU.

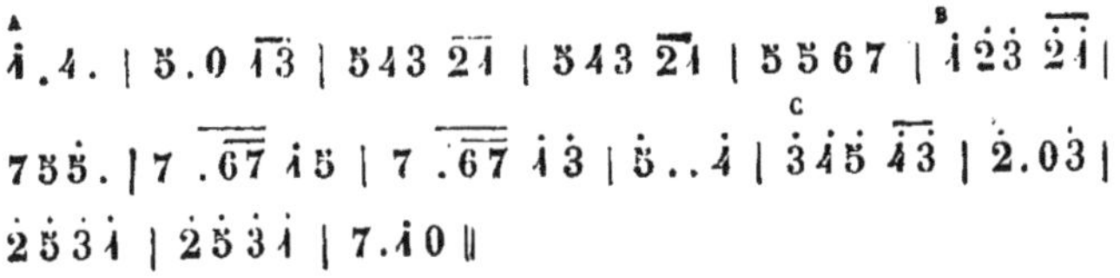

1 .4. | 5.0 13 | 543 21 | 543 21 | 5 567 | 123 21 |
755. | 7 .67 15 | 7 .67 13 | 5..4 | 345 43 | 2.03 |
2531 | 2531 | 7.10 ||

**N° 64.** TON DE LA.

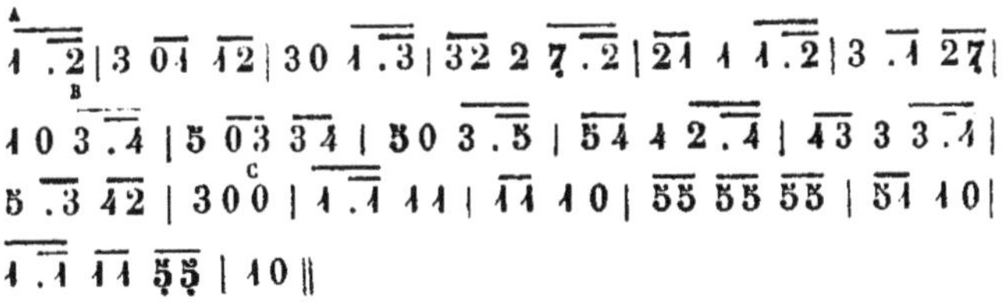

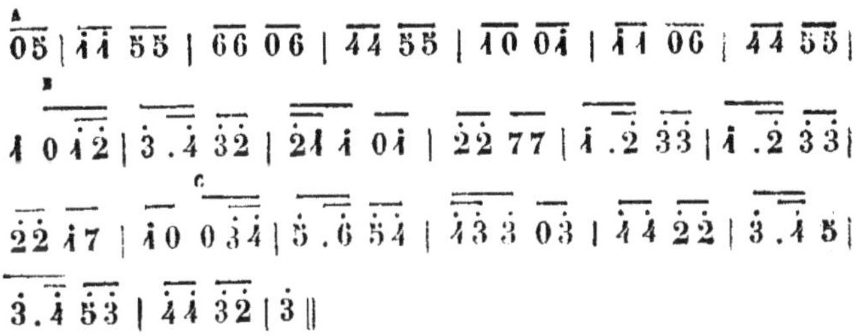

1 .2 | 3 01 12 | 30 1.3 | 32 2 7.2 | 21 1 1.2 | 3 .1 27 |
10 3.4 | 5 03 34 | 50 3.5 | 54 4 2.4 | 43 3 3.4 |
5 .3 42 | 300 | 1.1 11 | 11 10 | 55 55 55 | 51 10 |
1.1 11 55 | 10 ||

05 | 11 55 | 66 06 | 44 55 | 10 01 | 11 06 | 44 55 |
1 01 2 | 3 .4 32 | 21 1 01 | 22 77 | 1 .2 33 | 1 .2 33 |
22 17 | 10 03 4 | 5 .6 54 | 13 3 03 | 44 22 | 3 .4 5 |
3 .4 53 | 44 32 | 3 ||

**66.** DE SEU.

05 67 | 10 05 67 | 100 13 | 2 13 21 | 17 0 56 771 |
221 776 556 771 | 221 776 55 67 | 145 . | 1 .00 |
05 72 10 | 05 72 1 35 | 4 35 43 | 32 071 223 |
443 221 771 223 | 443 221 77 12 | 33 23 42 17 |
1 .00 | 03 24 30 | 03 24 30 | 5 55 55 | 5500 |
5 55 55 55 | 5 ..5 44 | 25 45 64 32 | 1 . ||

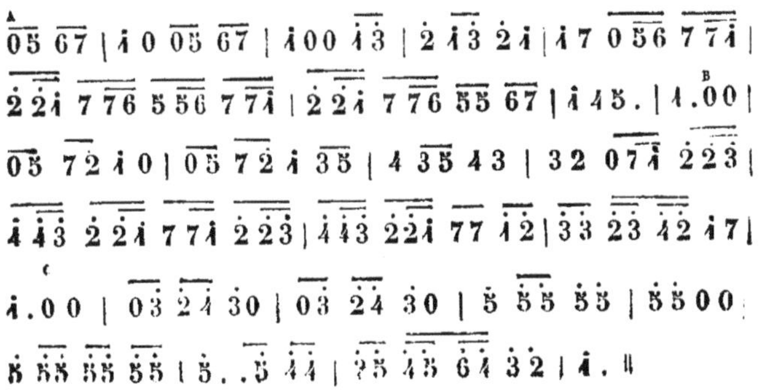

**N° 67.** TON DE RÉ.

A 05 67 * ‖ 12 32 34 | 5 .4 36 | 42 73 52 | 4 B 33 42 |

34 76 542 12 | 3 .2 11 | 5 .7 7.7 | 2 C 10 0 | 0 05 55 |

1 .1 1.1 | 7 .2 2.5 | 57 15 67 * ‖

**N° 68.** TON DE SOL.

A 01 32 | 4 .3 22 43 | 5 .4 B 30 0 | 5 55 55 | C 3 0 0

2.3 45 654 | 3 D 034 55 | 7 .7 77 | 1 ‖

**N° 69.** TON DE LA.

A 5 05 | 1 01 6 .6 | 2 23 B 434 54 | 34 32 10 43 21 |

75 55 C 5.4 27 | 1 .23 44 0 | 0 43 D 22 22 | 1 01 14 44 |

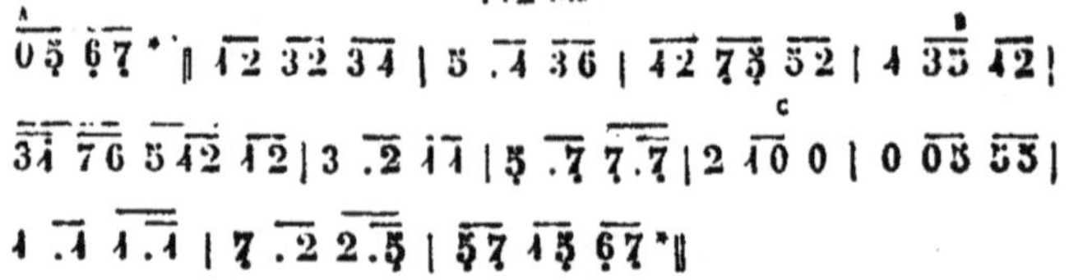

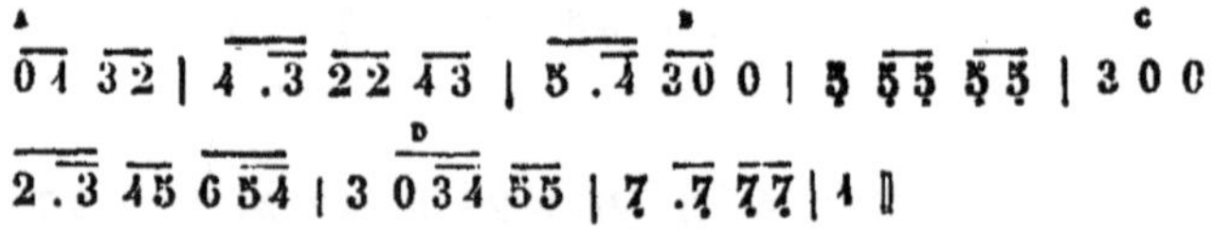

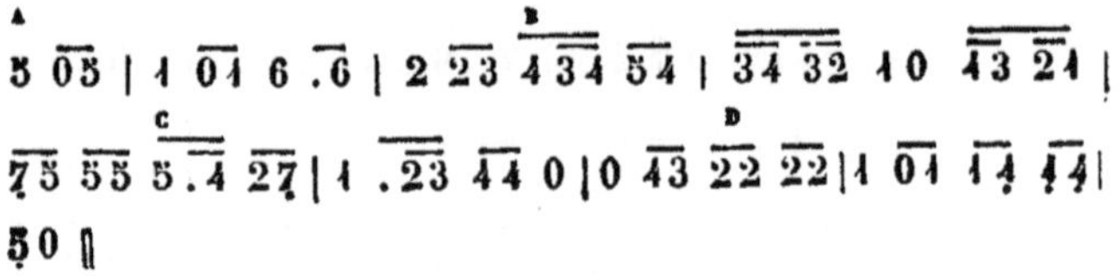

50 ‖

**N° 70** TON DE LA.

A 05 12 | 3 01 43 | 2 02 54 | 3 . 21 | 24 B 32 17 |

12 3 01 | 42 75 67 | 12 3 0 | 05 C 54 32 | 17 1 05 |

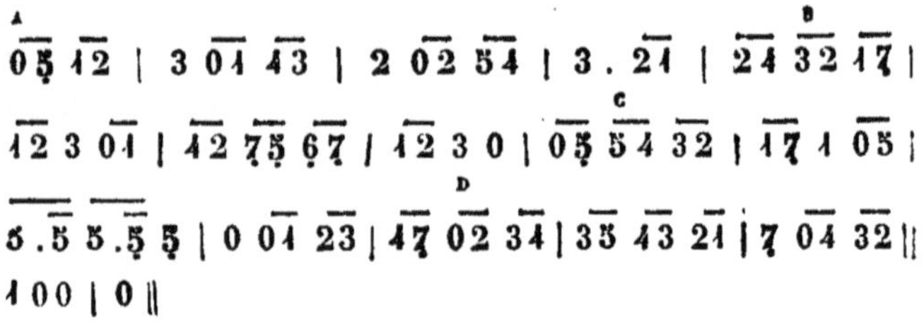

5.5 5.5 5 | 0 01 23 | 47 D 02 34 | 35 43 21 | 7 04 32 ‖

100 | 0 ‖

**N° 71.** TON DE FA.

A 001 | 3 212 | 1 B 5.3 | 5 434 | 3 C 005 | 1 767 | 1 D 1.3 |

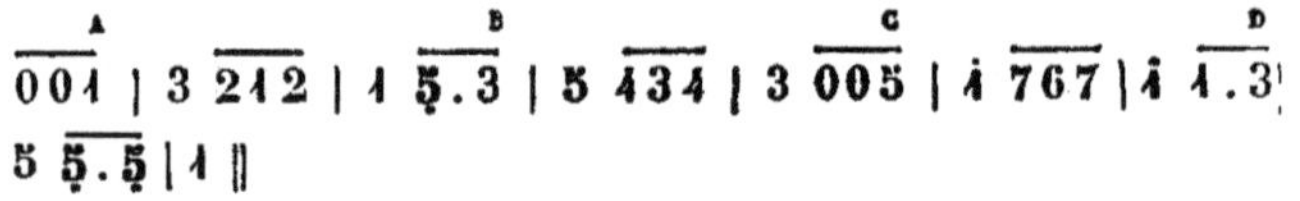

5 5.5 | 1 ‖

**N° 72.** TON DE SOL.

A 1.1 2.2 | 432 1.5 | B 323 4.4 | 212 3 | C 5.5 5.3 |

5.5 5.1 | D 5.5 5.5 | 567 1 ‖

**N° 73.** TON DE FA.

A 5.5 434 | 3 2.0 | B 333 212 | 1 5.0 | C 131 555 | 5 7.0 |

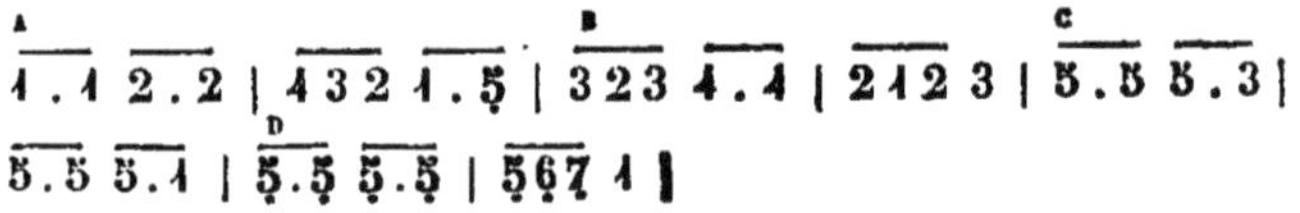

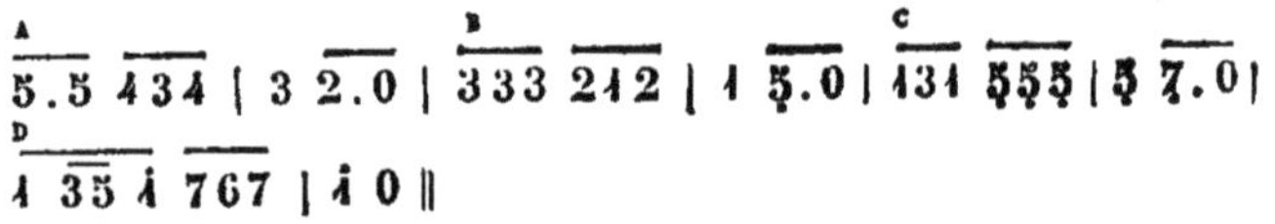

D 1 35 1 767 | 1 0 ‖

**N° 74.** TON DE RÉ.

A 532 171 | 2.7 1.5 | B 5.4 523 | 425 4.3 | C 1.5 5.5 |

5.5 5.1 | D 3.7 1.1 | 7.2 1.0 ‖

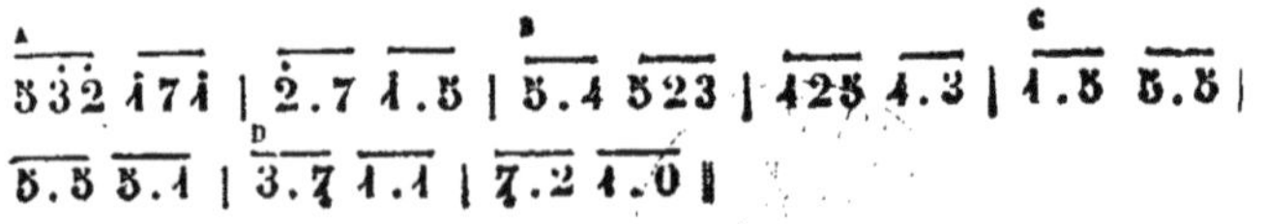

FIN.

www.ingramcontent.com/pod-product-compliance
Ingram Content Group UK Ltd.
Pitfield, Milton Keynes, MK11 3LW, UK
UKHW031837170726
13836UKWH00004B/1737